진광수 수필집

술판에 귀가 있다면

오만(五萬) 소리 다 듣는다
이 소리도 듣고, 저 소리도 한다

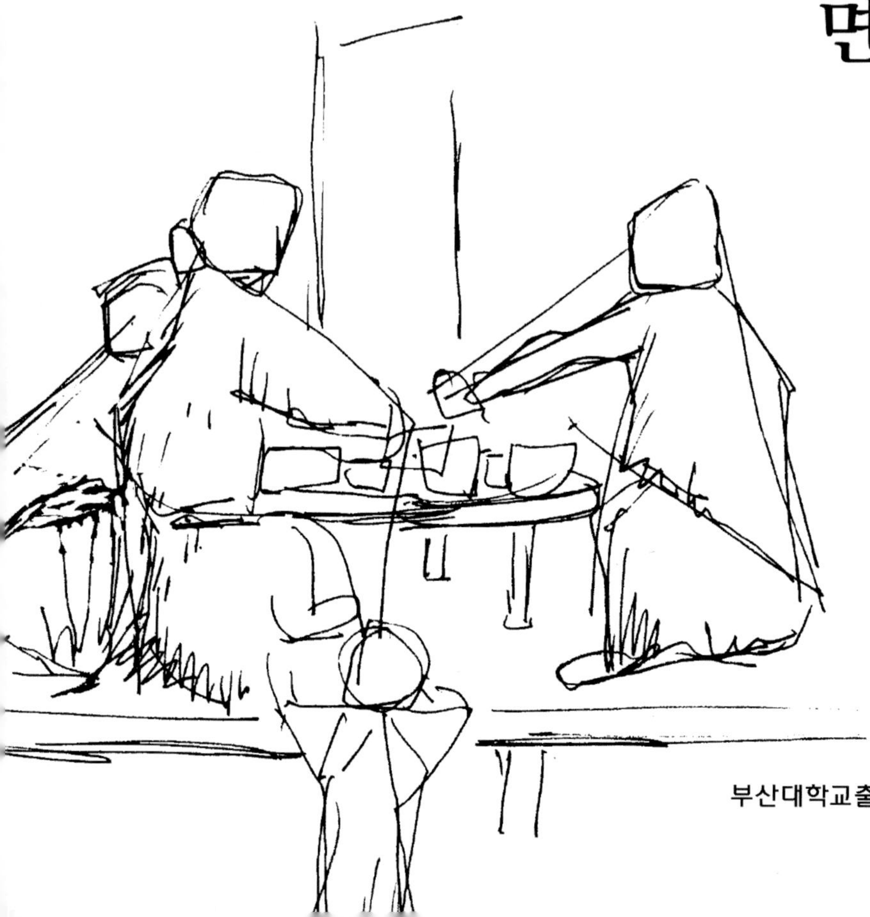

부산대학교출판문화원

들어가며

여든한 살에 두 번째 수필집 '술판에 귀가 있다면'을 냅니다.

첫 번째 수필집은 정년퇴직을 한 2007년 5월에 '새벽에 마시는 술'이란 이름으로 출판했습니다.

이번에는 그때 빠졌던 글과 모임의 인사말로 적어두었던 글, 문득 떠오르는 생각을 정리한 것, 등산할 때 핸드폰으로 찍었던 사진 그리고 20대에 그린 삽화를 표지에 넣어 보았습니다.

오용수 교감 선생님의 '새벽에 마시는 술'에 대한 고맙고, 자상(仔詳)하신 독후감을 본문의 첫머리에 실었습니다.

7장 가족 편을 만든 것은, 둘째 사위의 의견에 따랐으며, 큰 사위와 둘째 사위 그리고 아들이 원고를 주어서 고맙게 생각합니다. 셋째와 넷째 딸이 낳은 외손자, 외손녀들이 원고를 보태어 외할아버지는 한량없이 기쁩니다.

8장 진시 편의 중국 진시 왕조는, 문중 족보와 외손자 최시윤의 도움을 많이 받았습니다. 특히 진가 태극권은, 진왕조의 건국과 밀접한 관계가 있었으며, 소림사 무술과 더불어 중국무술의 양대 산맥이라고 합니다. 수십 년 전 어떤 서점에서 십 수권의 전집을 보았으나 그때 구매 못한 것을 후회합니다.

그리고 베트남 쩐(진) 왕조는 부산대학교 이경희 약학대학 학장께서 정보를 주셨습니다. 역사책을 찾아 정리하였으며, 몽골의 3차례 침입까지도 막아낸 베트남 역사상 가장 자랑스러운 왕조라고 하며, 쩐흥다오 장군은 흥다오 대왕이라 하여 남베트남 500동짜리 화폐에 인쇄되어 있습니다.

9장 둘째아버지(진세인 교수)께서는, 우리 집안의 기둥이셨으나 49세에 혈압으로 돌아가셨습니다. 이력서 1통과 박사학위를 받은 기념사진 1장을 수십 년 동안 간직해 오다가, 기록관 장정순 팀장님께서 중부님의 연구하신 논문 제목과 출판 서적 명, 소장된 도서관을 조사해 주셔서 대단히 고맙게 생각하고 있습니다. 중부님께서는 그 당시 우리나라가 필요한 '한국경제의 당면 과제'들을 연구하고 계셨습니다.

끝으로 32살, 조교수 때에 운동화를 신고, 나무 라켓을 들고 시작한 테니스는 지금까지 약 50년이 다 되어갑니다. 나의 건강을 지켜주고, 스트레스도 풀어주고 있습니다. 살아온 흔적이라서 출전 기록을 부록으로 실어 보았습니다.

수필집을 직접 타자 쳐서 원고를 정리하는 일은 시간이 많이 들어가며, 쉽지 않은 작업이었습니다.

이 수필집이 나오기까지 편집하느라 애써주신 부산대학교 출판문화원 관계자 여러분들에게 깊은 감사를 드립니다.

2020. 2. 25.

금정산기슭, 장전동 집에서

필자가 직접 찍은 사진들

부산대학교 1

부산대학교 2

부산대학교 3

부산대학교 4

장전동 1

장전동 2

장전동 3

금정산 1

필자가 직접 찍은 사진들

봄 1

봄 2

천성산 1

표충사

일광바다

다대포

동해

통일전망대

필자가 직접 찍은 사진들

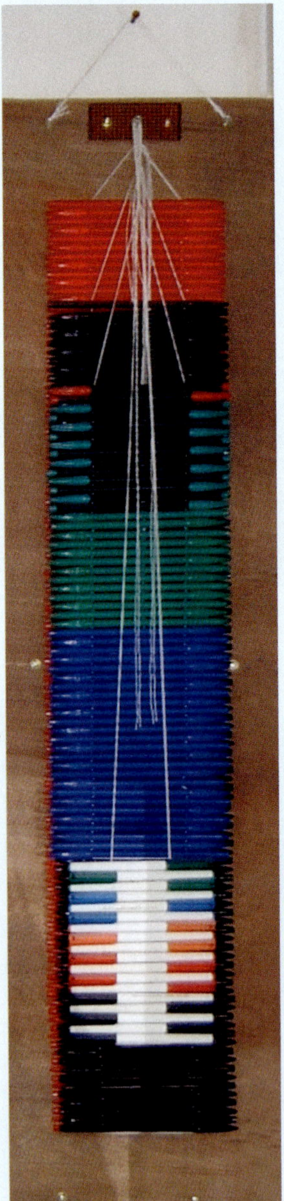

모나미 플러스 펜 다발

미국의 화가 재스퍼 존스의 3개의 성조기에서 힌트를 얻어, 2개의 태극기로 아름다움을 나타내어 보았다.(20세기 미국 미술, 히트니 미술관 기획 리사 필립스 외 지음, 송미숙 옮김, 마로니에북스 141쪽)

이강자 구의원

날으는 소녀(김동연)

송우기 회장, 서춘석 이사장, 안방지 사장, 전명자 여사, 윤금숙 여사, 유점식 실장

봄 3

봄 4

봄 5

봄 6

서이말등대길 1

서이말등대길 2

서이말등대길 3

오륜대 1

오륜대 2

필자가 직접 찍은 사진들

와현 1

와현 2

와현 3

와현 4

와현 5

와현 6

와현 7

외도 1

외도 2

필자가 직접 찍은 사진들

정자

공곶이 1

공곶이 2

학동

구조라 1

구조라 2

고동구미

바다 1

바다 2

필자가 직접 찍은 사진들

부산대학교 5

부산대학교 6

부산대학교 7

부산대학교 8

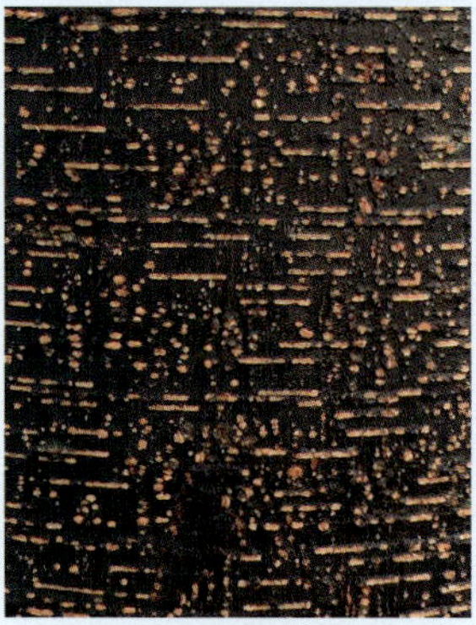

부산대학교 9

부산대학교 10

금정산 2

금정산 3

금정산 4

필자가 직접 찍은 사진들

성지곡

중세의 무사상

하늘

서이말등대길 6

천성산 2

천성산 3

오륜대

청도 1

청도 2

목차

3장. **대학에 관련된 글** / 53

4장. **물리 관련 편** / 75

5장. 금정향인회와 요산동호회 정기모임 인사 / 93

6장. 거제는 나의 고향이다 / 133

7장. 가족편 / 153

어느 일요일 오후에,
'새벽에 마시는 술'이란 수필집 한 권을
장전초등학교 오용수 교감 선생님께 드렸습니다.
오 교감선생님과는 술도 같이 자주 마시고,
세상사는 이야기도 많이 나눈 테니스 친구입니다.
그냥 부담 없이 보시라고 드린 것을, 이렇게 깊이
있게 소상히 읽어 주실 줄은 몰랐습니다.
다음 페이지의 써 주신 글,
대단히 고맙습니다.

'새벽에 마시는 술'에 부칩니다

돌담 집 소주잔을 기울이면서 정답게 건네주신 당신의 글 집을 받고 반 까막눈으로 당신의 글 집을 대했을 때 까만 점들로만 보이던 당신의 소리 점들이 이튿날 문명의 이기인 안경을 끼고 당신의 한평생 생각 집을 대했을 때 역시 술군이 일군이라는 생각을 책 표지에서 대할 수가 있었습니다.

생각의 속도를 가속화시키는 술이야말로 건강한 생활인의 활력소라는 강한 Feel을 받으면서 표지의 첫 장을 접었습니다.

몽돌밭의 바다 소년이 한국 물리학 석학의 대부로 명예로운 퇴임을 하시기까지 그 원천은 당신이 평소 좋아했던 넓은 바다와 푸른 숲이었구나 하는 공감을 얻게 한 사진첩들은 나의 아들 이름을 오 바다솔 이라 지은 나의 마음과 깊은 교류가 맞닿아 비록 테니스로 + 돌담 + 소주로 형님과 만남이 이루어졌지만, 내면에 깔린 의미의 공감대로 깊이 느낄 수가 있었습니다.

필부필부(匹夫匹婦) 장삼이사(張三李四)의 삶으로 출발하여 일상의 가벼운 공상을 현실로, 일상의 지나쳐버릴 생각들을 까아만 점으로, 생각의 점들을 모아 생명력 있는 당신의 이야기로 바꾼 글꾼이신 당신!

가볍게 읽고 스쳐버리지만, 뇌리에 남아있는 생명력 있는 이야기의 건짐이 수필을 대하는 독자의 자세로 알고 있는 저는 당신의 생활 속 이야기 "OK 법칙"에서 젊은 후학에게는 책을 가까이하라는 교훈과 함께 '할아버지 비문'에서는 잃어가는 孝와 뿌리의 의미를 재인식 할 수가 있었습니다.

같은 환경의 사람끼리 있으면 생각이 좁아진다는 大세계관을 가진 당신께서 몸담으신 大學生活 이야기에는 문학인이 다룬 생활 이야기라기 보다는 大學人의 책임, 論理性과 合理性을 강조한 점을 느낄 수 있습니다.

관리자는 오로지 판단, 용기, 인내로 총체적 사고를 하여 인간다운 동정심을 베풀 줄 아는 충분한 의사소통의 대화자가 되어줄 때 바른 사회경영을 하는 참 경영자가 될 수 있다는 당신의 호소는 나의 폐부 깊이 짜릿함을 느끼게 하였습니다.

당신의 글 집을 읽고 난 지금 나의 심정은 우리의 혼탁한 정치판을 바라보며 '대통령이 필요로 하는 대한민국'이 아니라, '대한민국이 필요로 하는 대통령'을 많이 만들어야겠다고 생각하며 당신의 보석 같은 한평생의 생명수 잘 마셨습니다.

2007년 6월 7일

오용수 드림

1장.
시

술판에 귀가 있다면

술판에 귀가 있다면
오만(五萬)소리 다 듣는다.
이 소리도 듣고 저 소리도 한다.

사람들은 술판에 앉아서,
주저함도 없이 너무나도 자연스럽게,
택도 없는 소리도 쉽게 내뱉는다.

오순도순 정담도 강물에 띄워 보고,
주먹을 불끈, 울분을 토해서 한풀이도 한다.
기막히게 번뜩이는 창의적 생각도 빚어낸다.

술 먹은 사람은 대체로 말의 순서가 안 맞는다.
이 말 하고, 저 말 하고
한 말 또 하고, 한소리 또 한다.

술값 걱정은 뒷전인데, 깨고 나면, 머리통이 몽롱하다.

스트레스가 풀렸는지? 감겼는지?

그래도 할 말이 남아서 자주 가게 되는 술판이다.

아무리 힘들어도

아무리 힘들어도, “아이고 죽겠다”는 말은 하지 맙시다.
그런 사람들이 많이도 살았는데
지금은 다 가고 없습니다.

아무리 힘들어도, 살고 살 만치 사는데
힘들면 쉬어가고, 천천히 숨을 쉬면서 살아갑시다.
생각을 바꾸어, 나는 “죽어도 끝까지 살아야 한다”고

아무리 살기가 싫어도, 어차피 살 바에야
힘든 줄 모르게 살았든 어제처럼 산다면,
무슨 불편이야 있겠습니까?

산 야

당신은 언제나 친절하고 상냥하다.
뭇사람들의 말을 들어주고,
귀찮은 이야기도 다 받아넘긴다.

그렇지만, 언제나 당신은,
당신 대로의 신념을 지니고
억울하지 않게 사는, 당당한 사람이다.

당신은 산야와 결혼하여 살림을 차렸고
수많은 술꾼들을 맞이하였으니,
이름 지어 秋露의 부인이라 할까?

산야는, 누가 무어라 해도
언제나 자신의 생각 데로, 건강하고 부지런히
살아가는 서면의 女장군이다.

2011. 10. 21.

자 갈 밭

지난날에 살았던, 아는 사람들이여!
지금 다시 올 수 없겠습니까?
그때 놀든 그 자갈밭으로

자갈밭은 옛 모습 그대로 있지만,
그때 만났던 사람들은 자갈밭을 다 스쳐 가 버렸고,
젊은 사람들로 채워져 있습니다.

애틋한 정만 남긴 이 자갈밭에서,
한 사람도 없이, 말 친구는 다 가고,
아지랑이만 천천히 하늘로 피어오르고 있습니다.

이 발 소

어릴 때, 장승포 우리 집 앞 이발소 주인
아침 일찍 주변을 깨끗이 청소하고, 물을 뿌린다.
동네를 먼저 이발해 놓고, 손님을 기다리신다.

대학 다닐 때, 온천 시장통 사거리 이발소
주인 이발사는 언제나 손님께 말 걸기를 즐긴다.

교는, "무선 무슨 교라 해도 이발교가 최고"라고
손님이 이발사의 면도칼 앞에 목을 바쳐도 절대로 자르지 않는다고.

믿어도 되는 "이발교"라 한다.

온천장 이발소, 내 초등학교 친구, 송춘부가 근무하던 이발소
집이 딱해 대학 못 갔지만, 오랜만에 만나서 정말로 좋았다.

한 달에 한 번 친구 만날 날, 머리 깎을 때가 기다려진다.
대연 빌딩에 불이 났다. 세상에, 내 친구가 홀연(忽然)이 사라졌다.

이 세상에, 친구가 가고 없으니, 내가, 왜 이렇게 외로워지나?

대체로, 이발소 주인은, 들은 것도 많고, 아는 것도 많다.
이발을 마친 손님의 기분은, 언제나 상쾌하다.

요산에 정한섭 회장님

요산에 정 회장님! 만나서 마음이 열렸습니다.
생각이 같은 사람 몇이나 되겠습니까?
정 회장님의 생각이 정말 옳으신 것을....

회장님! 우리 전생에 만나 본 적이 있었던가요?
털어놓을 듯, 다 못 턴 사연이..
제 가슴을 아프게 합니다.

저에게는 깊은 생각을 하게끔, 사려 깊은 분으로
기억에 오래오래 남아있습니다.
와서 만났고, 가시어 헤어지는, 인생 여정이 서럽기만 하네요.

다시 못 올 그곳에 하루 늦게 가시면 안 되나요.
이야기 좀 더하시다 가시면 안 되나요
정한섭 회장님!

저는 회장님의 살아오신 사연을 다는 모릅니다.
그러나 알 수 있을 것 같기도 합니다.
한 맺히고, 어지럽게 얽힌 세상일, 항상 웃기는 말씀으로 표현하시니까요.

일주일 후에 만나자던 말씀, 꼭 이렇게 만나야만 합니까?
우리도 머지않아 회장님이 가신 곳을 가게 됩니다.
잘 가세요! 정한섭 회장님! 회장님의 명복을 빕니다.

2008. 2. 27.
요산동호회 회장

아이고, 하느님! 우리 어머니 보세요!

숨 가쁘게 쉰일곱 해를 살아왔습니다.
누워계신 어머니께서는 화장실 출입도 못 하신다.
아이고 하느님!

부모님 한번 제대로 못 모셔보고,
아버님 돌아가신 이후, 어머님을 모신 내 마음이야
한없이 좋은데,

옛날 모습대로 기동하시고, 소일하셨으면 좋으련만....
시아버지 고함소리, 불통 남편에게 골병이 들어,
만신창이가 되셨나 보다.

어머니 모시기가 너무 좋아서, 걸음 빨리 집으로 오건만....
여전히 누워만 계신다.
때로는 나에게 '예'를 바치기도 하고, 표정도 없으시다.

좀 움직여 주세요! 어머니! 걸어 다니시겠다고 약속 좀 해주세요!
자식 원 좀 들어주세요!
이렇게 빌지 않습니까?

일찍이, 내 욕심 버리고, 부모님 보살펴드릴걸!
돌이킬 수 없는, 젊음의 포부가 세월을 다 삼켜서
나를 이렇게 울리고 있습니다.

2장.
나의 회상

맨손으로 민물장어를 잡았다

국민학교 4학년, 수업을 마친 후, 책보자기를 집 마루에 내던지고, 학동 우리 집 거랑에 손 씻으러 갔다.

앗! “장어 바라” “잡아야지” “잡았다!”

그런데 장어는 어느새 손가락 사이로 빠져나가 재빨리 돌 틈새로 들어갔다.

돌을 뒤집으면 잠깐 몸체를 보여주고, 또 다른 돌 틈새로 들어간다. 돌 뒤지는 손은 점점 빨라지고, 장어는 잘도 빠져나간다.

도랑에는 아무도 없고, 물 흐르는 소리만 고요히 들린다.

시간이 얼마나 흘렀을까? 도망가고, 붙잡는 일이 한참이나 계속되었고, 빠져나간다고 지친 장어가 마침내 잡혔다.

뒤로 돌아보니, 고집스럽게도 냇가의 그 많은 돌을 다 뒤져 놓았다.

기분이 야릇하다.
끈질기게 장어를 잡은 성취감일까?
돌 뒤진다고 힘이 다 빠진 허탈감일까?

나는 이 일로, 장어 잡는 적극적인 방법을 배워서 장어잡이 전문가가 되어 가는 듯했다.

정말로, 고무 새총으로 새를 잡을 수 있을까?

국민학교 5학년, 소 풀 먹이는 틈새에 산에서 Y자 새총 감의 나무를 잘라서 다듬고, 떨어진 신발에서 가죽을 떼어내, 생고무 줄로 그 나무에 매어서 새총을 만들었다.

무명바지 양쪽 주머니에 새 총알로, 잔자갈을 가득 채워 넣고, 새를 찾아 몸을 낮추고 조심스럽게 사뿐사뿐 돌아다녔다.

바다에서 고기 잡던 어선들도, 겨울철에는 할 일 없이 자갈밭에 덩그러니 얹혀 있다.

목선(木船) 이물(머리) 끝에 새 한 마리가 오뚝 앉아 있다.

저 새를 잡아야지, 살금살금 다가가서 새총을 겨누고 쏘았다.

앗, 헛방이다.

새는 놀라 쏜살같이 날아 가버렸다.

밥도 거르면서, 며칠 동안 수도 없이 새총을 쏘아댔다.

그런데 어느 날,

맨 처음에 쏘았든 그 목선 인물 끝에 참새보다 조금 큰 새 한 마리가 앉아 있다.

조심스럽게, 가슴 두근두근, 닦아가서 새총을 꺼내 쏘았다.

명중이다!

새가 떨어졌다.

새총 쏘는데 자신이 붙어, 또 다른 새를 찾아 나섰다.

참새들이 논바닥에서 나락 알을 부지런히 주워 먹고 있었다.

새 총알을 재빠르게 재어서 쏘았다.

이번에도 명중이다.

방학이라 마음 놓고, 며칠 동안 새 잡는다고 정신없이 쏘다녔다.

이 정도면, 아무도 모르게 훈련된 새총 사격 전문가라 할 수 있다.

그러나 지금의 기억으로서는 혼자만의 새총 포수 노릇을, 중학 진학을 앞둔, 국가시험 준비 때문에, 이 정도로 짧게 끝낸 것 같다.

문 닫고 나가 그라

'문 닫고 나가 그라'하는 말은, 50, 60년대, 우리나라 국민이 굶주리고 혹한에 떨면서 자주 사용하던 말이다.

지금 생각하니, 말의 순서가 확실히 틀렸다. 그런 말이 틀렸다고, 어른들께 데 들어 본 적이 한 번도 없었다. 그것도 내가 가장 존경하고 졸졸 따라다니게 하는 조모님께서 자주 하시는 말씀이니까.

문을 닫고 어떻게 나가겠는가?
'나가서 문 닫아라'가 말의 순서가 맞는 말이다.

그러나 무심코 사용하던 흔히 하는 말은, 숨어 있는 뜻이 있었다. 네(어린애)가 나가는 것이 중요하지 않고, 지금 어른이 있는 내 방으로 찬바람이 들어오는 것이 더 중요하다는 뜻이다. 그래서 문 닫고 나가야 한다는 것이다.

마치 말의 순서가 맞지 않는 유행가처럼... 그러나 팝송은 그런 것 따지지 않고, 주고 싶은 내용이 있어, 히트도 치고, 많은 사람들이 흥겹게 따라 잘도 노래 부르게 한다.

바로 '문 닫고 나가 그라'와 같은 그런 맥락의 강조점이 있기 때문에....

2020. 1. 20.

한서 할아버지(진한준 陳漢俊)

1896년 11월 7일 생, 1979년 3월 4일 종

할아버지께서는 증조할아버지(陳禹錫)의 넷째 아들로 태어났다. 어릴 때부터 머슴방에서 담배, 술, 화투를 배웠으나, 살림을 말아먹는 이 놀이를 끊기 위해, 먼저 담배부터 오지박 등 풀숲에 숨겨 놓고, 산과 논밭을 오갈 때만 한 대씩 피우시고, 끝내 담배를 끊으셨다고 한다.

할아버지께서는, 밤늦게까지 농사일을 준비하시고, 새벽엔 도장포(陶藏浦) 갈구지 해금강 어장 막으로 5리 길을 걸어서 매일 출근하셨다고 한다.

행태(?) 어장의 어선 수리 및 새로운 어선을 만드는 책임 대목(大木)으로서, 월급 받아 논, 밭 사고 산도 수백 정보 사셨다고 한다.

일본 사람 밑에서 조선기술을 배울 때에는 대패와 끌의 칼날이

귓전으로 날아드는 극한의 환경 속에서 목숨을 담보로 기술을 전수 받으셨다고 한다.

만주로 돈벌이 갔다 돌아오시면서는 온갖 고생을 다 하셨으며, 통영에서 지척인 고향 거제를 앞에 두고, 돈이 떨어져 바다를 건널 수가 없었으니, 할아버지의 형님들이 데리고 왔다고 한다.

이웃과 같이 동네 가운데 살면 정신이 흐려진다고, 바닷가 외진 곳, 을유년 화장터에 인골을 추려 제사를 지내시고, 손수 흙을 져다 붓고 집을 지어 아들, 딸, 손자를 키우면서 잘살아 보자는 신념을 불태우셨다. 그 집이 바로 학동리 311번지 바다로 향한 자갈밭 오른쪽, 소나무가 파도를 막고, 포구나무가 남쪽 돌문 앞에 있는 집이다.

"게으르면 못쓴다. 부지런하고, 정직해라."

"살림이 안 되니 담배와 술은 먹지 마라."

자식들을 악착스러운 살고제비가 되도록 쉴 새 없이 내리 볶았다.

"경우에 어긋나는 일은 절대로 해서는 안 되고, 싸움에는 반드시 이겨야 한다."

나는 할아버지께서 웃으시는 얼굴을 거의 본 적이 없고, 항상 긴장 속에서, 예상되는 일은 항상 단돌이(준비) 하여 살아오시면서,

젊었을 때는 4시간 이상 주무신 적이 없으셨다고 한다.

비 오는 날은 집 안에서 연장을 정리하시고 잔손도 보셨다. 돋보기를 쓰시고 줄로 톱날을 하나하나 세우기도 하셨고, 때로는 어선을 건조할 도면도 작성하셨다.

밥알 하나도 버리면 안 되고, 고구마는 되도록 삶아 먹되 생고구마를 먹고 싶으면, 가마니에 문질러서 얇은 껍질을 벗기고 먹어야 했다.

태풍이 왔을 때, 집채만 한 파도 한방에 기와집 한 칸이 떨어져 파도에 쓸려가다 멈추었다. 할아버지께서는 파도가 밀려간 그사이 바닷가로 뛰어가서 기왓장을 주워 오시는데, 할머니께서는 발을 동동 구르고, 소리치며 자지러지신다. 할아버지가 파도에 쓸려 가신다고.

아버지의 누님인 큰 고모님을 머슴처럼 부리면서 키우다가, 처녀 시집갈 나이가 되었으니, 보내야지.

지세포 소동에 찢어지게 가난한 오두막집 총각이 인물도 좋고, 아주 똑똑하단다.

사위가 하도 키가 커서 처가 장인 방에 잘 때면, 대각선으로 누워 자야 하는데, 이리 보고 저리 보아도 쓸 만하다.

장인은 돈 데고, 사위는 어장 해서 부자 되어, 일운면장까지 하였으며, 지세포 이덕제씨가 나의 큰 고모부님이 되신다.

사람은 인사성이 밝아야 한다. 할아버지께서는 손자의 인사성이 몸에 배이도록 언제나 챙기신다. 하루는 "왜? 큰아버지를 보고 인사를 하지 않았느냐"라고 뭐라 하신다. "조금 전에 만나 뵈었을 때 인사를 드렸다"라고 말씀드렸더니, "아니다. 인사는 만날 때마다 해야 한다"라고 일러 주셔서, 나는 지금도 그때의 할아버지 말씀이 머릿속에 각인되어 있다.

조모님(김묘술 金卯述)

1897년 9월 26일 생, 1979년 1월 5일 종

우리 조모님께서는, 구천동 서당골 훈장님의 딸이시다. 어릴 때 “아버지 글 좀 가르쳐 주세요” 훈장님께서는 묵묵부답, 대답이 없으셨다고 하셨다. 공부하는 데는 “조용히”가 필수라는 것을. 아래채 방에서 고시 공부하시는 세인이 중부님을 위해서, 우리들(나와 막내 고모) 보고 언제나 조용히 하라고 하신다.

베리목 산허리 높은 곳에 예쁜 조모님의 여동생이 살았는데, 오랜만에 만나시면 “세이야”, “동생아” 끌어안고 얼마나 정답게 이야기하시는지, 어릴 때 본 기억이 지금도 눈에 선합니다. 나는 우리 후손들의 얼굴이, 조모님의 잘생긴 얼굴이 원판이라고 생각한다.

우리 조모님께서는, 가족의 평상복을 원재료(목화, 삼베, 누에고치)부터 심어서 키우고, 여러 가공과정을 거쳐, 베를 짜고, 치수 제어 옷을 만드는 일을 거의 혼자서 하시는 분이시다.

더운 여름철에 쪽방에 갇힌 베틀에 앉아서 북 실을 넣고 발에 찬 줄을 당기면, 천(베)의 한 올이 완성된다. 이와 같은 수많은 동작을 되풀이해서 넉넉한 옷감의 베를 짜신다.

바느질하실 때는 호롱불 밑에서 손가락에 골무를 끼시고, 손자인 나보고 바늘구멍에 실을 끼워 달라고 하신 후에 한 땀 한 땀 손바느질을 보기 좋게 하시는 분이신데, 인내심 없이 이 일을 어찌 계속할 수 있었겠는가?

지금 생각하니, 조모님은 우리 가족을 위하여, 일생을 말없이 희생하신 분이시다.

내 가슴에 지심 뜬을 손자니라!
맛있는 음식은 장손이 우선이다.

밤새 만드신 떡을 새끼 머슴 지게에 진가서,
달랑달랑 딸려 보내면서, 가물가물 멀어지는 손자를 보고,
"어이 가~"라고 손을 저으신 조모님!

해일이 일어나, 어두컴컴한 마당에
바닷물이 부룩부룩 차오르면 또 한 번 조모님은 놀라신다.
"어이 할꼬?"

낮에는 농사짓고, 밤에는 새끼 꼬신다고....

갈라진 손가락 마디마디!

호롱불에 돼지기름 녹여, 갈라진 손가락 마디마디 틈새를 지지시던 조모님!

걱정도 많으시다. 살림 걱정, 아들 걱정.

원수 같은 할배(할아버지) 와 살면서, 재산은 넉넉한데, 사이 나쁜 부자간 틈새에서 아들딸들 보태주지 못해 애간장을 태우신다.

아무도 옆에 없는 고요한 밤, 장독 위에 정화수 떠 놓고,

자식, 손자 잘되라고 달이 질 때까지 빌고 또 비시는 조모님!

옛날처럼, 조기죽 끓여 놓고 같이 드실 수는 없으신지요.

우리 아버지(진남식 陳楠息)

1921년 4월 7일 생, 1996년 10월 15일 종

우리 아버지께서는 어머니가 자리를 10분만 비우셔도 참지 못하는 불같은 성격을 지니신 분이시다.

그러나 원동기 기계가 고장이 나면 전깃불을 밝히시고, 이틀이나 3일 밤을 새우시더라도, 힘든 줄 모르고 고쳐내시는 끈질긴 분이시다.

아버지께서는 둘째로 태어난 장남으로서, 할아버지의 부지런하신 덕에 호화롭게 자라셨다고 한다. 어릴 때, 공부는 멀고 놀기를 가까이하신 분으로 듣고 있다.

내가 어릴 때, 우리 집 골방에는 빅토리 유성기 2대와 흥부, 놀부가 등 다섯 상자 이상의 유성기판이 들어 있는 것을 보았다.

할아버지께서는 아버지를 일본으로 유학 보낼 생각도 하였으나, 책을 멀리하였기 때문에, 데리고 다니시면서, 고된 목수 일을 시키셨다고 한다.

한때는 아버지가 할아버지께 공부를 시켜달라고 애원도 하였으나, 한번 내리신 결정을 번복하지 않으셨다고 한다. 공부에 한이 맺힌 아버지께서는 나에게 공부하라는 말씀을 하루도 빼지 않고 하셨다.

아버지께서는 원래 술과 담배는 못 하였으며, 마음을 바로잡아 생업에 열중하면서 방아 간에 공작실을 차리시고, 이웃에 고장 난 것은 무엇이든지 고쳐주었고, 생활하면서 불편한 것은 개선하는 쪽으로 생각을 하셨다.

예를 하나 들면 사람들이 부엌에 불을 땔 때, 쪼그리고 앉아서 불을 지핀다. 시간이 길어지면 몸이 불편하고 다리가 저려온다.

지금은 플라스틱 제품을 사서 쉽게 사용할 수도 있지만, 그 옛날(1950년)에는 우리 집에만 있는 나무로 된 "앉을게"를 만드시어 가족들이 사용하였다.

간혹 아버지의 머구리(잠수부) 친구가 찾아올 때 해삼, 전복, 고동도 많이 가져와서 잘 먹었고, 신비한 바다 밑의 이야기도 잘 들었다.

아버지께서는 사람들과 잡담하는 시간이 적었고, 기계 수리를 마주하는 시간이 생활의 거의 전부라 할 수 있다.

아버지라고 해서 다 좋은 것만 자식에게 보이는 것은 아니다.

그러나 나는 어릴 때부터 일에 몰두하시는 아버지의 부지런하신 모습을 늘 보아 왔다.

나의 42년간 교직 생활! 왜? 난들 어려움이 없지 않았겠는가?

그러나 대학교수직을 무사히 마칠 수가 있었다.

항상 부지런하신 아버지께 감사를 드린다.

우리 어머니(박복수 朴福洙)

1920년 10월 16일 생, 1997년 12월 27년 종

19살 꽃다운 처녀, 학동 몽돌밭 부잣집 총각에게 시집을 왔다. 놀기 좋아하는 남편, 불같은 시아버지 고함소리!

정신은 매일 혼미하고, 시집 온 것 언제나 후회스럽다. 못 살겠다고 친정으로 가면, 출가외인이라 가서 살아야 한다고 쫓아내니, 친정과 시집으로 무수히도 왔다 갔다 한 세월!

큰외삼촌 무서워 친정 못 가시고, 나를 업고, 고동구미, 양화정, 망치 고개, 돌길을 지나 누래 외삼촌 집으로 자주 가셨든 어머니! 등에 업혀서 개 짖는 소리에 잠이 깼던 기억이 선합니다.

어쩌다 아들이 생겼으니, 이것이 땃줄이라.
영락없이 묶였구나! 체념으로 살아온 일생이다.
무슨 빛 볼 거라고, 삶의 터전 찾아,
학동에서 통영으로, 장승포로, 먹고 살길 막막하네!

직업을 만들어야, 먹고 살지!

아버지는 남의 기계 손봐주고, 어머니는 구멍가게 차리기도, 오만 공상 다하였으니.

끝내는 정미소 차려, 겨우 안정 직업 만드셨다.

학교 갔다 집에 오면,

우리 어머니 머리에는 하얀 밀가루가 눈 맞은 듯 눈썹에도 앉아 있었고, 잠깐 사이 밀가루 반죽하고, 부엌 불 때서 멸칫국물 끓고 나면, 밀가루 반죽 뚝뚝 때어 던진 수제비! 그 맛이 일품이라.

집도 두 채나 사시고, 아들 대학도 졸업시켰으니, 이제 팔자가 펴이는 듯.... 앗차 우리 어머니 큰 실수를 하셨도다.

어린 동생 넷을 데리고, 무작정 부산으로 이사를 오셨다.

재산 관리는 잘하시지 못해, 애써 벌인 것 다 까먹고, 땅도 없는 작은 집 한 채 두고, 이 세상을 뜨셨도다.

"아들아! 성공하려면, 항상 여자를 조심하여라"

"말이 많으면 쓸 말이 적단다"

어머님 말씀, 귀에 쟁쟁합니다.

누워만 계셨던 어머니! 손잡고 걸음마를 여러 차례 시켰으나,

닫아버린 마음을 끝내 열지를 않으시고, 대문 출입 한번 못하셨습니다.

어이할꼬! 자식 도리, 효도 한 번 제대로 못했으니
이것이, 세상 와서 큰 숙제로 남았습니다.

3장.

대학에 관련된 글

전국 교수 테니스대회 때,
공 한 개가 단체 우승을

전국 교수 테니스 대회의 16강전에서, 부산대학교 장년 팀은 매치 포인트로 잡혀, 질 경기를, 볼 한 개 살려서 우승하였다. 그때, 나는 태어나서 두 번째로 교수들로부터 헹가래의 축하를 받았다. 저녁에는 맥주 한 박스로 자축을 하고, 다음날, 서울대학교와 결성을 하여 쉽게 우승하였다.

16강전의 경기 장면을 스케치하면, 단체전은 청년, 일반, 장년 3복식 팀으로 출전하여, 한양대학교 선수들과 시합이 시작되었다. 우리 부산대학교 선수들은 모두 전국 최강이지만 장년부의 서국웅 교수와 한 조가 된 나만이 좀 약한 선수라 할 수 있다. 그런데 우리의 일반 팀은 이기고, 반드시 이겨야 할 청년 팀이 졌다.

단체전 스코어는 1:1이니, 장년 팀인 우리가 승부를 결정지어야 한다. 장년 팀의 선수로서 서국웅 교수는 정해졌지만, 서 교수의 파트너로 김 교수를 붙이느냐, 나를 붙이느냐가 신경 쓰이는 우리의 작전이었고, 드디어 나를 붙인다는 백영호 교수의 결정이 났다.

그 사이에, 나는 이제까지는 시합 때 안경을 쓰지 않았지만, 중요한 시합이라서 안경을 쓰고 공을 칠 것이냐, 안경을 벗고 칠 것이냐를 두고, 안경을 썼다 벗기를 여러번 되풀이한 끝에, 안경을 쓰고 시합에 들어가기로 하였다.

비가 와서, 경기 규칙은 실내 단축으로 4게임을 먼저 따면 승부가 난다. 시합이 시작되어 열심히는 뛰었지만, 게임은 지고 있었고, 한 개만 더 먹으면 끝나는 매치 포인트로 잡혔다.

한양대학교의 선수가 우리의 오른쪽 코트 끝으로 깊숙이 강공을 찔렀다. 나는 어렵게 뛰어가 힘들게 받아넘겼다. 그런데 다시 왼쪽 코너로 볼이 깊숙이 들어왔다. 이번에도 죽을힘을 다하여 받아넘겼다.

그런데 이게 왼 일입니까? 자기들이 이겼다고 서로 쳐다보고 만세를 부르고 있지 않은가. 이렇게 경기를 속단한 상항에서는 윔블던 챔피언도 나의 공을 받아넘길 수가 없었을 것이다. 상대 팀의 어처구니없는 실수 때문에 우리들은 매치 포인트를 살려서 타이 블랙을 하게 되었고, 그 세트를 이겼다. 그래서 16강, 8강, 4강을 거쳐 최후의 전국 우승을 차지하였다.

그런데 테니스 시합 일주일 전에, 나는 응용 물리 국제 심포지

엄의 논문 발표를 위해서, 강원도 포에닉스팍에 4일 동안 출장을 가게 되어 있었다. 그동안에 공을 칠 수가 없으니 어떻게 하면 좋을까?

심포지엄에 참가하면서 테니스 라켓을 가지고 가자니 남 보기가 좋지 않고, 테니스 신발을 들고 가려니 무겁기도 하였다.

차선책이라도 강구하자. 나무 라켓 헤드 부분을 잘라내고, 라켓 자루만 가방에 넣고, 줄넘기 줄도 챙겼다.

밤중에 호텔 공터로 나와서 줄넘기를 하니 구두 뒤축에 줄이 걸린다. 칼로 줄이 걸리는 부분을 깎아 내었다. 그리고 줄넘기를 250번 하고, 자루만 있는 라켓으로 헤드가 있다고 생각하면서, 스트로크, 발리, 스매싱 등 여러 가지 스윙을 하였다. 이런 방법으로 매일 저녁 연습을 부지런히 하였다.

이런 집념이, 그 공 한 개를 받아넘겨서, 전국대학 교수 테니스 최강의 우승을 차지하게 도와준 것인지도 모르겠다.

1996. 6. 25.

서국웅(徐國雄) 교수님, 정년(停年)의 새 출발을 축하드립니다

서 교수님과는, 1974년도, 부산 시내 단체 테니스 경기부터 80년, 90년, 2007년 전국 대학교수 테니스 시합까지 많은 시간을 같이했으며, 이 운동으로, 지금까지 만남이 계속되고 있습니다. 서 교수님은, 나의 테니스 사부(師父)로서, 성품이 진실하고 너그러운 “마지매(眞面目)”한 분이므로, 때로는 내가 옷깃을 여미고, 말을 조심해야 할, 진심으로 존경하는 교수입니다.

서 교수님! 74년에 부산대학교에 오셔서 35년 동안 많은 일을 하셨습니다. 서 교수님께서는 물리학을 스포츠에 적용하는 노력을 끊임없이 하였으며, “인체와 테니스의 동역학적 특성 및 생체역학적 분석”을 연구 중심축으로 삼아, 109편의 논문과 10권의 저서를 출간하였습니다. 또한, 학술 활동도 활발해서 한국운동역학회 회장, 한국체육학회 부산·경남 지부장을 역임하셨습니다.

그리고 바쁜 교수 생활에도 사회단체의 활성화를 위해서, 부산광역시 테니스 협회장과 대한민국 교수 테니스 연맹 회장도 하였습니다. 이렇게 훌륭한 연구업적으로 '부산광역시 문화상'과 한국 최고의 '대한민국 체육상'을 받기도 하였습니다.

한편 부산대학교 교수회 회장을 하시면서, 부산대학교가 발전해야 한다는 기본 신념으로 총장에 대한 협조와 견제를 적절히 하셨다는 평을 듣고 있습니다.

저는 다음 같은 테니스 시합 장면을 Sketch 해서 축하의 글을 맺을까 합니다.

> [Partner가 못 친 공 탓하지 않고, 잘 친 공만 Fighting이다.
> 서 교수님과 치는 공은, 教育的이라, 배워야 할 教科書다.
> 전위(前衛)에 걸리지 않는 공이다. 번개 같은 Poaching!
> 이번에는 Lob이다. 돌아오면 강력한 Smashing!
> 언제나 부드러운 공이지만, 찬스 오면 비호(飛虎)요, 히로시마의 원폭(原爆)이다. 관운장(關雲長)이 적(敵)을 찌르듯, 쪽도 못쓰고 허물어지는 상대(相對)다.]

테니스 경기는 순간순간에 수많은 여러 가지 동작을 자유자재로 행해야 하므로, 한 동작을 익히기 위해서는 수천에서 수만 번의 연습을 되풀이해야 합니다. 서 교수님께서는 이러한 끈질긴 노력으로 한국 테니스 역사에 태백산맥(太白山脈)을 이루게 하셨고, 이

것이 발판 되어, 이학박사와 공학박사 학위를 2개 받은 양(兩)박사가 되었습니다.

끝으로 서 교수님의 가르침이 우리 사회의 곳곳에 깊숙이 전파되기를 바라면서, 항상 몸 건강하시고, 가정에 행복이 충만하시기를 진심으로 바랍니다.

2009. 8. 28.

대학 진학, 직장(직업) 선택에 대한 조언

1. 내가 어떤 사람들과 이야기하면서 한평생을 살아갈 것인가?
   - 그러면 어떤 직업을 원하는가?
   - 이것이 직장 선택의 열쇠다. 예로서, 의사는? 법관은?

2. 수학과 과학을 멀리하면, 학과 선택, 직업 선택에 너무 많은 제한을 받는다.
   - 이과와 문과의 직업 비율은 대략 7:3이다. 앞으로는 그 이상 더 될지도 모른다. 이과 계통의 직업이 대부분이다.

3. 대학 선택은, 경제적으로 선택을 하는 것이 좋다.
   - 부모님 호주머니를 다 써 버리면, 그다음이 문제다.

* 엄벙하이* 말고 단디(段段)** 해라.

---

* 무계획적, 산만하게, 돈도 없는데, 있는 것처럼
** 계획적, 치밀하게 철저히

■ 효원 인재전형의 선발목적

1. 재능을 바탕으로 한 창의적인 학생

   * 재능이 없는 창의성은 모래밭의 누각이다.

2. 사회성을 바탕으로 한 적극적인 학생

   * 적극적이지만 남과 자주 충돌하면 일이 안 된다.

   * 남과 잘 어울려야 일이 된다.

3. 인성을 바탕으로 한 성취 지향적인(발전 가능한) 학생

   * 인성이 나쁘면, 사람이 따라 주지 않아 대성할 수 없다.

2009. 6. 13.

기증품: 석·박사 논문을 수정해 준 모나미 플러스 펜 다발의 변(辯)

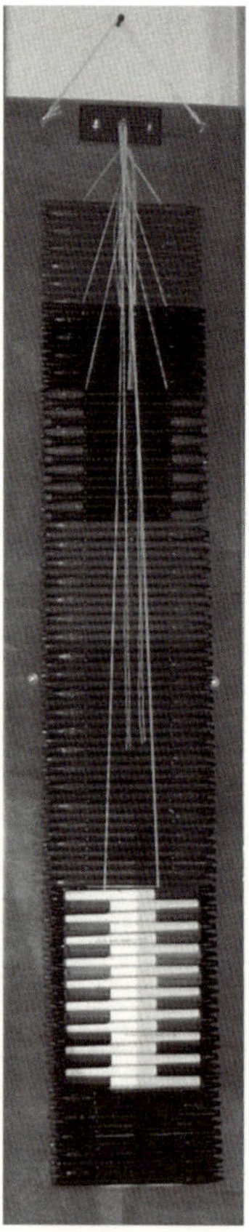

"이런? 또 고치지 않았구나! 벌써 열 번이나 지적했는데...."

"좋아! 어지간히 되었으니, 논문을 투고하자. 논문의 저자 순서는 첫 번째 자네 이름, 두 번째는 지도 교수인 나의 이름, 세 번째는 누가 이 논문을 쓰는데 많이 도와주었는지? 순서대로 이름을 써넣어라."

물리학회에서 우리 논문을 심사하여 그 결과를 통지해 왔다. 아니나 다를까? 내가 지적한 그 내용만 고치면 좋겠다고 한다. 학회지에 논문이 실려 나왔다. 학생 논문을 지도할 때는 이런 꼭 같은 방법으로 교정 작업이 되풀이된다.

많은 논문을 심사하고 한 논문을 여러 번 교정해 주기 위해서는 빨간색, 초록색, 파란색, 검은

색 등 여러 가지 색깔의 모나미 플러스 펜을 사 쓰고, 또 버려야 한다.

교수가 논문을 밤새도록 읽고 수정해 주면, 학생들은 잠깐 동안에 컴퓨터로 정리해서 가져온다. 이런 합동 작업은 교수인 나에게는 억울하지만 어쩔 수가 없다. 이러한 논문 지도 과정은 내가 출원한 특허(?)라서 컴퓨터나 다른 사람이 대신해 줄 수도 없다.

석사나 박사가 될 학생들과 논문을 읽어서 고쳐주는 지도교수 그리고 여러 차례 수정된 논문, 다 쓴 모나미 플러스 펜!

나의 손가락 사이에서 이렇게 저렇게 고쳐 쓰다가 정이 들어서 쉽게 버릴 수가 없다. 일단 모아 두자. 그리고 무얼 할 것인지 천천히 생각해 보자. 세월이 흘러 연구실을 옮길 때도 연구실 집기와 함께 옮겼다. 논문 지도에 쏟은 오랜 시간과 열정이 이 펜 속에 녹아있어 버릴 수가 없다.

300여 자루나 되는 이것으로 아름답고, 품위가 있는 무엇을 만들어 보자. 정년이 다 되었으니 시간이 없어 더욱더 급하다. 연구실도 비워주어야 하기에 생각이 빨리 떠오르지 않으면, 모아둔 펜을 모두 버려야 한다.

일단 플러스 펜의 속을 비우고, 소형 드릴로 펜 한 개에 두 개씩의 작은 구멍을 내는 며칠간의 작업이 끝났다. 색깔별로 줄에 끼워서 척 걸쳐 보니, 아! 괜찮은데, 좋아 보였다. 나무판을 골라 자로 재고 톱질, 니스 칠해서 나사못 치고, 거기에 중첩해 걸어 놓고, 보고 또 보고 하루에 12번도 더 보니, 언젠가 검은 T(Teaching) 자가 새겨져 있었다.

생각하니, 오랜 시간 동안 학생들에게서 때때로 받았던 서운한 마음이 풀려서 흐뭇해지고, 가슴이 뿌듯해진다.

2008. 5. 7.

* 이 기증품은 부산대학교 기록관에 전시되어 있습니다.

진광수 교수 실험논문상

誠實한 노력과 끈질긴 執念에서
자연의 신비함에 挑戰하는
힘이 생긴다.

진광수 교수 대학원 실험논문상(장학금)의 시행 규칙

1. 물리학과 대학원의 석사 과정 2년생 중 1년 과정의 성적이 우수한 자 1명을 선정하여 실험실 개방(OPEN LAB) 마지막 날 상금 50만 원을 시상한다.
2. 매년 50만 원을 지급하다가 알맞은 시기에 그 기금을 학과에 이관한다.
3. 시상은 진광수 교수가 직접 수여 하거나 대리인이 수여 한다.
4. 수상자의 이름은 수상하기 전에 수여자가 준비해둔 패에 새겨 학과에 진열하고 보관한다.
5. 수상자는 이력서 1통과 해당 논문 1편을 제출하여야 한다.

진광수 실험 논문상 수상자

연도	성 명	우수논문
2007. 5.	임 환 홍 (200382149) 물리학과 석·박사 통합 수료	Polarization-dependent optical gain in crystal and glass composed of excited-state Intramolecular proton transfer organic molecules
2008. 3.	임 환 홍 (200382149) 물리학과 석·박사 통합 수료	Ultra-broadband optical parametric generation and simultaneous RGB generation in periodically poled lithium niobate
2009. 8.	권 대 영 (200792111) 물리학과 박사 수료	Growth and structural characterization of (0.2)Bi(Zn1/2Ti1/2)O3-(0.8)PbTiO3 epitaxial thin films by off-axis rf sputtering
2010.	없음	
2011. 9.	김 호 중 (200982223) 물리학과 석사	Electromagnetically induced absorption with sub-kHz spectral width in a paraffin-coated Rb vapor cell
2012.	이 승 환 (201282111) 물리학과 석사	Oxygen partial pressure dependent electrical conductivity type conversion of phosphorus doped ZnO thin films

진광수 교수 실험논문상 시상식 인사

사람은 잘살아야 120년 정도 살 수 있습니다.

혼자서는 살 수 없고, 함께 살아가야 합니다.

앞서 살아가는 사람은, 이제까지 많은 사람들의 혜택을 입고 살아왔습니다.

뒤에 오는 사람들에게 무엇이든 물려주어야 합니다.

너무 작은 상금이지만, 쉬운 일부터 시작하겠습니다.

대단히 감사합니다.

안녕하십니까?

이 상은, 논문 쓴다고, 고생했으니 술 한잔하시고, 재충전해서 더 좋은 논문을 많이 쓰시라는 상입니다.

아이작 뉴턴은, 적당한 포도주가 상상력을 도와주고, 과음, 과식,

그리고 과도한 연구는 상상력을 망치기도 한다고 하였습니다.

또 아이작 뉴턴은, 진리는 침묵과 명상의 산물이며, 때로는 문제를 앞에 놓고 새벽까지 계속 사색한다고 하였습니다.

연구 열심히 하시기 바랍니다. 감사합니다.

2009. 9. 11.

이 논문상은 수년간 시행하다가 상금의 액수가? 시상의 관리가? 중단하고 있습니다.

나의 대학 시절을 기록관에서 볼 수 있다니

- 아, 이것은 50년, 100년 전의 것인데 -

학번이 58이니, 지금부터 54년 전에 부산대학교를 입학한 셈이다. 세월이 많이도 흘렀다. 어쩌다 틈이 생기면, 지나간 대학 시절이 떠오르지만, 내 마음을 만족하게 해줄 꺼리는 빛과 함께 사라져 버렸다. 그때의 기록이 없을까? 졸업 앨범을 보거나 그때 찍었던 사진 몇 장을 펴놓고 동기들과 잊었던 일들을 어렵게 찾아내어 웃어 보는 정도이다.

대학 시절에는 행하고 싶은 일들이 너무도 많았는데 !

50년, 60년대에 온천 새 시장 2층에는, 막걸리 술집이 줄줄이 있었다.

술상의 알루미늄 태는, 숟가락 장단에 찌그러지고, 담뱃불을 끈다고 찌진 시커먼 흔적들이 술상에 누더기처럼 떠덕떠덕 남아 있었다. 막걸리에 취한 꾼들이 술집 아가씨의 옷고름을 잡아당기던 그런 시절이 문득 생각이 난다.

60년대 대학원 실험실은, 너무 열악한 환경! 그러나 반드시 실험해서 결과를 얻어내야 살아남을 수 있었다. 준비된 공구라야 빼치, 망치, 드라이브, 톱, 전기드릴뿐. 국제시장 고물상 출입은 제집 드나들 듯, 진공관, 저항, 콘덴서, 바리콘 등을 구매, 납땜 회로 구성하여 초음파 발생 장치도 만들었다. 그리고 반사용 소형 수조와 슈리렌 장치를 연결해서 물속의 소리 속도도 측정해 보았는데.

그때 그런 장면들을 카메라로 한 장쯤 찍어 두었으면, 추억 거리로는 멋지지 않을까!

이럴 때 빛보다 빠른 비행체를 타고 옛날로 돌아갈 수만 있다면, 얼마나 좋을까? 생각은 생각일 뿐, 가슴만 아프게 한다. 다행히도 우리 대학교에는 졸업 동문으로부터 과거의 사진이나 기념품을 기증받아서 전시하고, 보관도 하는 과거를 담아 둔 "기록관"이 있다. 개인의 기념품이라고, 증빙서류라고, 혼자서 소중히 보관해 보았자, 죽고 나면 자식에게 그리고 손자로 계속해서 잘 보관될지, 아무도 장담할 수 없다.

내가 매우 아끼든 대학 시절의 물건을, 여러 사람이 보아서, 그 시점의 역사를 확인하고, 검정할 수 있도록, 공공기관인 이 "기록관"에 기증하는 것이 "나"를 영원히 살아있게 하는 하나의 방법이 되지 않겠는가?

그런데, 우리 대학교의 기록관에는 담당자들의 착실한 노력의 결과, 많은 자료가 보관된 줄 알고 있다. 그러나 행정 및 전시공간이 협소하여, 중요한 자료들이 상자 속에 갇혀 있다고 듣고 있으니, 어렵게 결단을 내린 기증자의 마음이 어떨까 무척이나 걱정이 된다.

또한 기록관은 탁 트인 도서관 정면에 버티고 앉아서 부산대학교를 알고 싶은 관광객이나 동창들에게 우리의 것을 한눈에 속 시원하게 보여주어야 한다. 그렇지만 지금은 어떠한가? 도서관의 후미진 모퉁이에 마지못해 쪼그리고 앉아 있다니, 기록 전시관을 찾은 모든 사람들은 몹시도 안타까워하고 있다.

기록관 전경

내 가슴에 폭탄이 들어 있다

87학번이 대학 3학년 일 때, 어느 날 나는, 부산대학교 물리관 앞으로 시험문제를 들고 교실로 가는데, 학생들은 길목에 서서 시험 칠 생각이 없다. 요즈음 거의 모든 대학에서 시험을 치지 않는 분위기지만, 교육하는 사람은 이것을 그대로 보고 있을 수만은 없다.

지금 당장이라도 어떤 학부형이, "나는 무식해서 교육을 잘 모른다. 그러나 당신들은 전문 교육자이기 때문에, 내가 열심히 돈을 벌어서 당신에게 내 아들과 딸을 맡겼는데, 데모나 시키고, 가르치지 않았으니, 저 애가 앞으로 무얼 먹고살 것인지? 교수인 당신들이 어떻게 책임질 수 있습니까? 하고 항의해 오면 내가 무엇이라 답변할 수 있을까?"

지금 대학에서는 이처럼, 이런저런 생각들이 교수들의 머리를 아프게 하고 있다. 학생들보고 당장 교실에 들어가서 시험을 치자고 하였으나, 생긋생긋 웃기만 하고 도저히 시험 칠 생각이 없다. 한참 침묵이 흐른 후에, 나는 학생회장! 시험을 칠 것인지? 아닌

지? 결정해라. 내 가슴에 폭탄이 들어 있다. 당장 터트리고 싶으니, 어서 말을 해라!

학생회장은 내 얼굴을 살피면서 가슴 속의 폭탄을 한번 보자고 한다. 나는 약간의 뜸을 들인 후에, 양복 안주머니에 들어 있는 서류를 보이면서 이것이 폭탄이다.

교육부에 신청할 것이다. 교육부에 보낼 학과를 없애 달라는 신청서다. 공부도 하지 않고, 시험도 치지 않는 학생들! 교수의 공부하고, 시험 치자는 교육 명령도 듣지 않는 학생들을 어떻게 교육할 수 있겠는가?

교육부에서 이 신청서를 받아보면, 반드시 학과를 폐지 시켜줄 것이다. 어떻게 할까? 이 서류를 발송할까? 아니면 교실에 들어와서 시험을 치겠는가? 그날은, 이런 종이 폭탄으로, 순순히 따라 들어온 학생들을 붙들고 시험을 잘 마치게 되었다.

2011. 12. 21.

학도호국단 간부(학생회 임원) 여러분께

여러분, 안녕하셨습니까?

우리가 만났던 78년, 79년은, 우리나라가 4차 5개년 경제개발로 약 500억 불 이상의 수출을 달성했을 때입니다.

대학에서는 틈만 생기면 데모를 했고, 정부에서는 경제발전을 위해서 어떻게 하든 데모를 막아야 했던 때였습니다.

한때는 학생과장의 경력이 부담스럽기도 하였지만, 지금 생각하면, 여러분과 함께 내 혼신의 정력을 나라에 쏟았던 그때가 너무 좋았습니다.

앞으로, 가끔 불러주세요!

기꺼이 참여하겠습니다.

작지만 모임의 기금에 보태어 쓰시기 바랍니다.

2010. 9. 3.

4장.
물리 관련 편

진공박막 ≫

≪ 결정성장

물리학 강의 첫 시간에

물리학은 어떤 학문인가?

물리학은 물체나 물질의 구성 요소와 그들의 상호작용을 연구하는 학문이다.

여기서 물체는 태양보다 큰 것도 있고, 원자핵 보다 작은 요소도 있다.

또 상호작용은 중력과 같이 약한 힘도 있지만, 핵력과 같이 강한 힘도 있다

사람이 물리학을 연구하면서 어찌 생명체를 다루지 않을 수 있을까 ? - 생체물리학(나노; 10^{-9}m).

그러므로 물리학의 연구 대상은, 森羅萬象(우주 공간의 온갖 사물과 현상)이다.*

물리학의 연구 영역은, 너무 넓고, 깊어서 학문 자체의 밀도가 클 수밖에 없다. 공부하기가 힘들다.

---

* 우주에는 7×10^{23}개의 별이 있고, 생명체가 거주 가능한 행성은 51개로 추정.

그러나 물리학은 조직적, 논리적, 체계적 학문이므로 인접 학문에 적응과 응용이 용이하고, 다른 학문 연구의 모델이 되기도 한다.

수학을 아는(이해하는) 사람에게는 수학 없이 물리학을 가르칠 수 있지만, 수학을 모르는 사람에게는 수학 없이 물리학을 가르칠 수가 없다.

이것은, 부산을 아는 사람에게는 부산지도 없이 부산을 설명할 수 있지만 그렇지 못한 사람에게는 부산 지도를 펴 놓고 설명해야 하는 이치와 같다.

물리학이 왜 발전해야 하는가?

지구상의 큰 발견, 발명은 물리와 화학에서 나오고, 대략 80% 이상은 물리학의 결과물이다.

예로서, 원자력발전, 컴퓨터 및 무선통신, x-ray, Laser, 단층촬영 NMR, 전자현미경, 위치 추적 장치(G.P.S.)와 Navigation 항법장치 등.

사정관제 입학생, 첫 시간 물리 수업 안내

학생들 여러분!,

부산대학교에 입학하신 것을 진심으로 축하드립니다.

이번에 준비한 물리학 수업은, 배당된 시간이 적절하지 못해서, 특별강연 형태로 짜 보았습니다.

이번 특강의 초점은 여러분에게 물리학에 대한 강한 의욕을 불러일으키도록 하는 데 목적이 있습니다.

동시에 물리학의 부분적인 세계를 보여주는 데도 그 목적이 있습니다.

여러분께서 목적에 대한 강한 의욕을 가지면, 어떠한 어려움이 있어도 무엇이든지 성취할 수 있습니다.

여러분이 입학하더라도 이런 강의를 듣기는 힘들 것입니다. 열심히 들어주시기 바랍니다.

그러면 지금부터 본 강연을 시작하겠습니다.

2010. 2. 1.

부산대학교 후배 여러분!

세상의 큰일은, 오랜 침묵과 사색 그리고 용기 있는 도전으로 이루어진다고 합니다.

대학 생활을 하면서 무엇을 알고 싶고, 무엇을 해결하고 싶은지 자신에게 묻는 질문을 50여 개 만들어라. 그리고 생각하라.

쓸데없는 질문은 지워라. 몇 개가 남았는지? 또 지워라. 그래도 남은 것이 있는지?

이제 남은 문제를 끈질기게 물고 늘어져 해결하라. 몇 십 년이 걸릴 수도 있다. 이 중 한 두 개만 해결해도 대성공이다. 흐뭇하고, 보람된 일이다.

수물학과 58학번 선배

뉴턴은 어떤 사람인가?

(지구의 자전 속도 1,609Km/h,
공전 속도 107,160Km/h)
원자 내에서 전자의 회전속도?

아이작 뉴턴

1. 17세기, 세계 최고의 수학자, 물리학자
2. 뉴턴은 유복자이다. 어머니는 재가한 남편과 사별하고, 고등학교 다니는 16살의 뉴턴을 농부가 되라고 집으로 불러들임. 외삼촌의 도움으로 케임브리지 대학에 입학, 졸업 후 연구원, 대학교수, 영국의 조폐국장, 왕립학회 회장, 기사 작위를 받음
3. 대학 재학 중 22살 때, 휴교령이 내린 24개월간에 만류 인력(중력) 법칙 발견, 미적분학 창안, 운동의 법칙 발견. 그 뒤에 프리즘에 의한 빛의 굴절법칙, 빛의 파동 현상인 뉴턴 링 발견.
4. 평생 여자 옆에 가 본 적이 없는 신학자이면서 노후에는 삼위일체를 부정하고, 임종 때에는 성사를 거절한 사람.
5. 17세기에 세계 최고의 연금술사이면서, 어느 연금술사도 가져보지 못한 금덩어리를 소유했으며, 죽을 때 유언장도 없이 모든 재산을 남겨 놓았다.

6. 뉴턴의 고민

1) 신이 우주를 창조했기에, 우주의 모든 물체는 영혼을 가지고 있다. 물체는 접촉하지 않아도 서로 영혼의 힘을 미칠 수 있다. 중력의 법칙 발견(사과...). 알고 보니 물체는 영혼이 없다. 그런데 영혼이 없는 물체가 부딪치지 않고 어떻게 힘을 미치느냐? 라고, 고민! 질량만 있으면, 모든 물체는 당기는 힘을 가지고 있다.

2) 세상에 있는 물질의 근본은 보이지 않는 작은 입자(원자)다. 빛도 입자의 흐름이다. 그런데 실험을 해보니, 빛이 내는 색은 진동한다(파장을 가진다). 오래전부터 빛이 입자의 흐름이라고 말해 왔는데, 진동하는 파동을 어떻게 설명할 것인가? 라고, 고민.

※ 빛은 입자이면서 파동이다. 광전자-자동 개폐문 장치에 이용, 회절, 간섭현상-신분증 및 위조지폐 방지에 응용.

2010. 9. 17.

지난 천년의 지구를 대표한 인물, 아인슈타인

1896년,
스위스 아라우 고등학교를 졸업한
아인슈타인(17세)

1905년, 26살에 쓴 5편 논문의 파급효과가 인류문명을 크게 변혁시켰기 때문이다

1. 분자 크기를 결정하는 새로운 방법; 물에 녹은 설탕을 보고, 설탕 분자의 지름을 2천만분의 1인치로 계산 -취리히 대학 박사 논문-너무 짧다고 퇴짜- 한 문장 추가하여 통과.

2. 빛의 발생과 변환에 관한 발견에 도움이 되는 관점에 관하여 -17쪽(증명되지 않았거나 증명할 수 없어도 발견의 지침으로 가치가 있는 것) 광전효과-전기의 눈; 금속에 빛을 비추면 전자가 튀어 나온다.- 이 이론이 오늘날 텔레비전, 자동문을 가능케 함.

3. 정지 액체 속에 떠 있는 작은 입자들의 운동에 관하여-브라운

운동; 스코틀랜드의 식물학자가 관찰-아인슈타인은 꽃가루와 물 분자의 충돌이라고 생각, 일정한 부피 속의 기체 분자 수를 추산. 분자의 실체를 최초로 확인함.

4. 움직이는 물체의 전기 역학에 관하여-31쪽-물체의 상대운동에 대하여 시간 간격과 물체 길이의 변화가 어떻게 되느냐? 또 빛의 속도는? 특수 상대성 이론- 일반 상대성 이론- G.P.S.에 이용.

5. $E = mc^2$; 질량과 에너지는 같다.

물체가 정지해 있으면 질량(m)은 정지 에너지(E)를 가지게 되고, 질량이 빛의 속도로 달린다면, 질량은 막대한 운동에너지로 모두 바뀌게 된다.

부자가 돈을 쓰지 않으면 부자인 줄 모르다가, 돈을 쓰기 시작하면 부자인 줄 알게 된다. 그러나 돈을 쓰지 않았을 때도 분명히 부자였다.-원자핵분열, 원자폭탄, 원자력 발전소

2009. 3. 3.

한국물리학회 부·울·경 지부 정기총회 및 학술발표회 인사

한국물리학회 부산 울산 경남지부 회원, 여러분!

방학 중 바쁘신 데도 이렇게 참석해주셔서 대단히 감사합니다.

저가 읽은 몇 권의 책에서 세계의 제일가는 몇몇 기업, 최고 경영자들은, 21세기야말로 도덕성을 바탕으로 한 협력과 경쟁의 시대에, 흐름을 예측하고, 거기에 맞는 빠른 조정을 하지 않으면 살아남을 수 없다고 합니다.

이번 제12회 유전체 물성 심포지엄과 제5회 부산, 경남 응집물질 물리 워크숍 그리고 한국물리학회 부산 울산 경남지부의 총회 학술행사가, 구성원을 중심으로 한꺼번에 개최하는 것도 시간과 경비를 절감하는 우리들의 학술 활동 전략의 일면이라 할 수 있습니다.

우리 지부는 1965년에 결성되어 거의 40년 동안 많은 일들을 해 왔습니다.

한국에서 최초로 고등학교 물리실험 교과를 1966년 9월에 출판하여, 동아고등학교, 동성고등학교 등에서 교재로 쓰게 하였습니다.

또 물리 교육 분과를 활성화하기 위해서, 제1회 한국물리학회 물리 교육 학술연구발표회를 84년 7월에 지부총회의 학술발표 행사와 병행하여 개최하였습니다.

그리고 1989년 12월 지부 이사회에서 기초과학 지원센터 부산분소 설립의 필요성을 윤수인 추진위원장이 발의하였고, 오늘의 기초과학지원연구소 부산분소를 만들었으며, 이 부산분소가 우리 지부회원에게 많은 연구지원 혜택을 주고 있습니다.

한편 지부학술활동을 권장하기 위한 한국물리학회의 지부 보조금은, 60년대에 5,000원, 70년대 20,000원, 40,000원, 80년대에 100,000원, 200,000원 그리고, 97년부터 300,000원을 받게 되었습니다. 그동안 학회보조금의 증액을 여러 차례 요구하면서 지부 자체의 분회비로 학술 활동 경비를 충당해 왔습니다.

그러나 올해부터 한국물리학회 황정남 회장님의 운영방침에 따라, 지부활동을 적극 권장하기 위해서 7개 지부에 400만 원 이상의 예산을 편성하여 지부활동을 적극 지원하고 있습니다. 대단히 고맙게 생각합니다.

우리 지부는 한국물리학회 총회 학술행사의 3분의 1에 해당하는 13회를 부산 울산 경남에서 유치한 실적을 가지고 있기 때문에, 학회 본부의 지부 활성화 방침에 따른 활동역량이 충분히 있다고 생각합니다.

그리고 서울 사는 사람들이 보면 부산 경남이 잘 보이지 않는다고 합니다. 그러나 우리 부산에서 보면 대한민국과 전 세계가 일목요연하게 보입니다.

아무쪼록 부산, 울산, 경남지부 회원님들께서는 힘을 내셔서 우리들의 행사가 좋은 텃밭이 되어 물리학 발전에 크게 공헌하시기를 바랍니다.

대단히 감사합니다.

2003. 2. 21.

한국물리학회 부·울·경 지부, 2004년도 정기총회 및 제43회 학술발표, 지부장 인사

한국물리학회 부산·울산·경남지부 회원, 여러분! 안녕하십니까?

신년 초, 바쁘신 중에도 이렇게 많이 참석해 주셔서 대단히 감사합니다.

이번에도 작년과 마찬가지로, 한국물리학회 부산·울산·경남지부의 제43회 학술행사를, 유전체물성연구소의 심포지엄과 부산·경남 응집물질물리 워크숍과 함께 공동 개최하게 되었습니다.

이처럼 같은 지역의 구성원이 공통 관심사를 동시에 논의하는 것은, 시간과 경비를 절감하고, 우리들의 노력을 한곳에 모아서 상승효과를 낼 수 있기 때문에, 앞으로도 이렇게 하는 행사가 계속되어 져야 할 것입니다.

한편, 인류의 행복을 위한 대발견, 대발명은 대부분이 물리학이나 화학에 그 기반을 두고 있으며, 이러한 발견, 발명은 여러 사람들의 축적된 오랜 연구를 바탕으로 생겨나는 것이므로, 지부회원 여러분들께서는, 어떤 연구를 하시든지 간에 자기의 연구에 긍지를 가지시고, 왕성한 연구 활동을 하여 주시기 바랍니다.

또한 정부가 지원하는 대부분의 연구는, 공동연구를 권장하고 있으므로, 지부회원들께서는 평소 서로 자주 만나서 연구 분야의 정보를 교환하고, 공동체를 미리 구성해 보는 것도, 연구비를 잘 받을 수 있는 하나의 방편이 될 것입니다.

끝으로 오늘 개최하는 지부행사가 순조롭게 잘 진행되어 좋은 결실을 거둘 수 있도록 협조하여 주시기 바랍니다.

대단히 감사합니다.

2004. 2. 19.

〈격려사〉

포항지역 교사들의 Amusing Physics Club 창설

안녕하십니까?

포항시와 인근 지역, 물리를 전공하시고, 물리를 재미있어하는 여러 선생님!

바쁘신 중에도 이렇게 참석해 주셔서 대단히 감사합니다.

이번 일의 준비 위원장이신 최홍수 교수님, 그리고 Amusing Physics Club 자문위원으로 계시는 이희영 교장 선생님께 깊은 감사를 드립니다.

또한, 이번 모임을 처음부터 끝까지 준비해 주신 포항공대 김승환 교수님, 임경순 교수님, 정진욱 교수님 그리고 경성대 조성진 교수님 정말 고맙습니다.

오늘, 이 뜻깊은 자리에 한국물리학회 황정남 회장님이 꼭 참석하시려 했으나, 회장님께서 주관하시는 바쁜 일이 있어 저가 대신 왔습니다.

양해하여 주시기 바랍니다.

여러분들께서 잘 아시는, 지구상에서 가장 돈이 많은 사람, 빌 게이츠는, 이 우주에서 빛의 속도가 제일 빠르고, 이것보다 더 빠른 것은 생각의 속도라고 하였습니다. 다시 말씀드리면 빛은, 1초 동안에 달 가까이 가지만, 여러분의 생각은 마음먹기에 따라 이보다 먼저 달에 도달할 수 있다는 뜻입니다.

우리의 생각이 얼마나 중요한 것인가를 오늘 이 모임에서 확인할 수 있으므로, 물리학회로서는 오늘의 모임을 대단히 반갑게 맞이하며, 여러분의 활동에 대한 모든 지원을 아끼지 않을 것입니다.

재미있는 물리 Club을 만드신 여러 선생님!

이처럼 순수하게 '물리'를 사랑하는 마음에서 출발한 물리 전공 교사들의 자발적인 모임은, 우리나라에서 처음 있는 일입니다.

최근, 이공계 대학 지원 기피 현상은, 그동안 여러 선생님들의 많은 노력에도 불구하고, 공부의 주체자인 학생들이 흥미를 잃었으며, 국가적인 사회 환경이 이것을 방치한 데 그 원인이 있다고 할 수 있습니다. 이러한 현상을 잠재우고, 과학과 물리 공부를 재미있게 할 수 있는, 여러 가지 방안을 본 학회에서 검토하고 있습니다.

이 방침의 하나로서, 올해 8월 11일부터 3일간, 과학의 대중화를 촉진하고, 컴퓨터 통신망을 이용하여 물리 교육을 효율적으로 운영하는 공동연구회를 부산에서 개최합니다.

이 일은, 부산시 교육청의 자율 연수 프로그램으로서, 과학문화재단의 지원을 받아, 현장에서 활동하고 있는 교사와 관련 전문가를 초청하여 진행할 예정입니다.

여기에서는 물리 교육 및 과학교육의 지도 방법을 공유하기 위한 구체적 내용을 개발하고, 물리 대중화 및 기초과학의 저변 확대를 위한 방안도 모색할 예정입니다.

이 자리에 참석하신 여러 회원님, 많이 참여하여 주시기 바랍니다.

우리 학회는, 이미 물리 교육 분과와 물리교육위원회가 구성되어 적극적인 활동을 하고 있지만, 교육 현장의 다양하고, 생생한 의견을 교육 일선에 반영하고, 지속해서 대책을 수립할 수 있는 조직적인 현직 물리 교사 분과가 없습니다.

오늘의 이 모임이 순조롭게 발전하여, 본 학회가 구상하고 있는 물리교사 분과의 발족이 앞당겨지고, 여러분들의 활동이 학회를 통하여 국내에 널리 알려져서, 교육정책에 반영되기를 바랍니다.

앞으로 여러분들이 가지신 고귀한 신념으로, 훌륭한 물리 인재를 많이 키워주시고, 여러분의 수렴된 의견이 전국으로 확산되어, 대한민국의 좋은 물리 환경이 굳게 다져지기를 바랍니다.

대단히 감사합니다.

2003. 7. 5., 포항공과대학교에서

한국물리학회 부회장

Amusing Physics Club 저녁 모임

안녕하십니까?

바쁘신 중에도 이렇게 참석해 주셔서 대단히 감사합니다.

그리고 이번 모임을 준비해 주신 조성진 교수님 대단히 고맙습니다.

여러분들께서도 잘 알고 계시겠지만, 최근, 이공계 대학 지원 기피 현상이 심각하여, 본 학회에서는 이러한 현상을 타개하기 위해서, 과학과 물리 공부를 재미있게 할 수 있는, 여러 가지 방안을 검토하고 있습니다.

그중에서, 컴퓨터 통신망을 이용하는 것이, 가장 편리하고 보다 적극적인 방법이고, 과학 및 물리 교육을 대중화시키는 지름길이라고 생각하게 되었습니다.

아무쪼록, 오늘의 모임에서 좋은 의견이 많이 나오기를 바랍니다.

대단히 감사합니다.

2003. 8. 11.

한국물리학회 부회장

5장.
금정향인회와 요산동호회 정기모임 인사

〈금정향인회 회장 인사 2008. 3. 14.〉

앨빈 토플러의 '부의 미래'를 읽고

회원 여러분 그동안 별일 없으셨습니까? 오늘은 저가 읽어 본 책의 일부를 소개하겠습니다.

과거를 알고 싶으면 역사책을 읽어야 하고, 현재 세계의 경제 사정을 알고 싶으면, 앨빈 토플러의 '부의 미래'를 읽어보시는 것이 좋겠습니다. 이 책을 여러 번 읽어 보시면, 세상이 앞으로 어떻게 변할 것이며, 돈 벌 수 있는 방법도 생각나실 것입니다.

21세기의 세계 경제는 '지식을 기반으로 한 시간의 단축, 공간의 확대'를 심층 기반으로 하여 발전한다고 합니다.

하시는 일에 대하여, 정보를 잘 선택하고, 부딪히는 일들을 신속히 처리해야 한다는 뜻입니다. 그래서 주최자에 따른 추진 속도를 비교해보면,

기업체는 시속 100Km 의 빠른 속도로 발전하고, 시민단체는 그 다음 90Km 정도라고 합니다. 가족 단위는 시속 60Km 이고, 노동

조합은 30Km 로 10% 미만의 노동자를 대변하고 있다고 합니다. 정부 관료조직은 시속 20Km 로, 의사결정이 너무 느리고, 학교 교육은 시속 10Km 로 변화가 더 느리다고 합니다.

문제는 시속 10Km 로 기어가는 학교 교육이 시속 100Km 로 빨리 변하는 기업체에 취업시킬 학생들을 어떻게 가르칠 것인가가, 교육계의 숙제가 되겠습니다.

세계적인 국제기구는 시속 5Km 정도이고, 정치구조의 발전 속도는 시속 3Km 정도라고 합니다.

제일 느림보는 법률인데 시속 1Km 라고 하며, 소송이 끝날 때는 소송 쟁점 자체가 무의미해질 정도로 느린 것이 법이라고 합니다.

우리나라가 경제 강국이 되고 싶다면, 발전을 가로막는 조직이나 규제를 하루빨리 혁신적으로 재편성해야 할 이유가 여기에 있습니다.

오늘 저녁 즐거운 모임이 되시기 바랍니다.

감사합니다.

빌 고어의 독특한 회사 조직
(w.l.Gore & Associates)

고어텍스 원단은, 물방울의 2만분의 1 = 수증기 분자의 700배의 구멍을 가진 조직이다(수증기 분자는 2옹스트롬 정도의 크기).

이 회사는, 포천이 선정한 가장 일하고 싶은 기업에서, 1998년부터 11년째 연속 2~15위의 상위권에 속한다.

듀폰 회사에 근무하든 빌 고어(화학 기술자)가 사표를 던지고, 1958년 부부 함께 고어사를 설립하였으며, 유명한 경영학자 맥그리거의 Y이론에 대한 믿음을 바탕으로 독특한 조직을 만들어 회사를 운영한다.

Y이론; 사람은 처음부터 착하기 때문에, 자발적으로 일할 마음을 갖게 하면, 일의 능력을 극대화 할 수 있다는 이론.

독특한 조직; @ 책임자도, 직책도, 정해진 업무도 없는 조직.

@ 어떤 사람이 아이디어를 내면, 동조하는 동료들과 팀을 만든다.

@ 직원들은 스스로 일하는 시간을 정하고, 월급도 스스로 정한다.

@ 동료들을 납득시킬 수 있다면 여행도 마음껏 다닐 수 있다.

@ 훌륭한 발명과 혁신을 내놓은 엔지니어를 특별하게 대우한다.

@ 직급과 상하 관계를 내 던지면, 대화를 할 때 에너지와 혁신이 흐르는 조직이 될 수 있다.

@ 마지막 한 명의 아이디어까지 뽑아서 활용하며, 2007년까지 연 40%의 성장세를 가졌다.

현재는, 명목상 47살의 케리 대표가 맡고 있고, 45개 지역에 8,000명의 동료들이 있으며, 연료전지, 기타 줄, 통신장비 와이어, 인공혈관 케이블 등 그리고 우주산업에도 참여하고 있다. 이 회사에서 "혁신"이란 상존하고 있는 일이다.

혁신에는, 운영 혁신, 제품 혁신, 비즈니스 혁신, 회사구조 혁신, 관리 혁신이 있다.

2009. 1. 2.

〈요산회 회장 인사〉

월가의, 짐 로저스 여행기 안내

안녕하십니까?

또 한 해가 갑니다. 2009년 1월부터 3월 또는 6월 사이에 경기가 바닥으로 떨어졌다가 서서히 상승한다고 합니다.

새해에도 복 많이 받으시고 건강하시기 바라며, 전에 한 번 소개했던 재미있는 책 두 권을 추천하겠습니다.

1. 월가의 전설 세계를 가다
2. 어드벤처 캐피탈 리스트

저자 짐 로저스는,

* 경기가 바닥일 때는 "상품에 투자하라"고 하며,
* 미국 대통령 당선자 오바마의 경제고문이기도 합니다.

책1은, 22개월간 52개국 6만 5,000마일을 세계 여행한 책이고, 책2는, 3년간 116개국 15만 2,000마일을 세계여행하면서 투자도 하는 책입니다.

저자는, 1942년생, 미국 앨라배마주 출신이고, 예일대학교를 최우등생으로 졸업했으며, 옥스퍼드대학교 장학생이었고, 정치경제 철학전공을 했습니다.

1969년 조지 소로스와 함께 퀀텀펀드를 창업해서 1980년 38세에 1,400만 달러(140억 원)를 가지고 은퇴, 후에 세계여행 및 투자 그리고 결혼도 하였습니다. 소개한 책 2권, 참 재미있습니다.

2008. 12. 17.

〈요산동호회 25차 정기총회〉

부역처 귀역교

요산동호회 회원 여러분 안녕하십니까? 오늘은 총회일입니다.

짧은 이야기를 하나 드리고, 회장 인사를 하겠습니다.

부역처(富易妻) 귀역교(貴易交); 易은 바꿀 역. 부자가 되면 처를 바꾸고, 귀하게 되면 친구를 바꾼다는 뜻. 조강지처(糟糠之妻) 불감하당(不敢下堂); 糟는 술 찌꺼기 조. 糠은 쌀겨 강. 敢은 감히. 당은 청마루. 술 찌꺼기, 쌀겨 먹고 고생을 같이한 처를 감히 내쳐서는 안 된다는 뜻.

이번 총회는 여러 가지 일로 특별합니다.

지난 7월 이사회에서 총회를 12월로 변경하기로 하였고, 적자 결산으로 총회 선물이 없으며, 새 회장님도 선출해야 합니다.

우리나라는 4계절이 분명한 나라입니다. 이 나라에 사는 사람들은 계절의 영향을 많이 받아 변화무상한 비약적 발전을 거듭하고 있습니다. 이번에 모실 차기 회장님은 지난 7월에 젊은 층으로 결정하였으나, 내정자의 간곡한 요청으로, 조금 뒤로 미루고, 홍보에 탁월한 능력을 갖추신 분을 모시기로 하였으니, 총회 식순 중 회장 선출 과정에서 동의해 주시면 대단히 고맙겠습니다.

우리 요산동호회는 1986년 7월에 창립하였습니다.

창립 2년 후에, 본인은 88년 금정산 식물원 총회에 참석하여, 입회한 후

(1992년~1996년)　등산대장 4년

(1996년~1998년)　부회장 2년

(1998년~2000년)　회장 2년

(2005년~2009년)　회장 4년을

지금까지 12년간 요산동호회의 운영에 직접 참여하여왔습니다. 그동안 요산동호회를 운영하면서 공적으로 최선을 다해 노력하였으나, 회원님들의 평가는 여러 가지로 다를 수 있겠습니다. 그동안 잘못한 일이 있으면 너그럽게 용서해 주시기 바랍니다.

한편, 선배회원님들께서 모아주신 기금 1,500만 원은, 전세 차량비 인상과 낮게 책정된 회비로 인해서 계속 유지하지 못하고, 약간 줄어든 1,370만 원 정도를 차기 회장님께 이월해 드립니다.

차기 회장님께서는, 기금을 모아주신 선배 회원님들의 정성을 잊지 마시고, 산을 사랑하는 우리 요산동호회의 회원들을 위하여 본 산악회를 잘 관리, 운영하는 데 힘써 주실 것을 간곡히 부탁드립니다.

모금하기는 대단히 어려워도 쓰기는 쉬운 일입니다.

아울러 여러 회원님들께서는 오늘의 총회가 잘 진행되어서 무사히 마칠 수 있도록 적극적으로 협조하여 주시면 대단히 고맙겠습니다.

감사합니다.

2009. 12. 20.

무산소운동과 유산소운동

우리의 신체가 운동할 때, 사용하는 에너지는 ATP(adenosine triphosphate)라는 에너지이다. 이 에너지는 영양분(탄수화물, 지방, 단백질 등)을 섭취해서 신체 내부에서만 만들어지는 경우(무산소)와 몸 밖에서 산소를 흡입하여 내부의 영양분과 함께 에너지를 만들어내는 경우(유산소)로 구별할 수 있다. 즉 ATP라는 에너지를 만드는 과정은 다음의 세 가지 방법이 있다.

1) PC(phosphocreatine)를 분해해서 얻는 경우
2) 포도당이나 글리코겐을 분해해서 얻는 경우
3) 산소를 이용해서 미토콘드리아(mitochondria)에서 얻는 경우가 있다.

1)의 과정에서 얻는 운동 에너지는 약 8초간 쓸 수 있고,
2)의 과정에서 나오는 에너지는 약 5분 정도 쓸 수 있으며,
3)의 과정에서 나오는 에너지는 계속해서 많은 에너지를 얻을 수 있다고 한다.

즉 유산소운동이란, 3)의 과정과 같이 산소를 호흡하여 미토콘드리아에서 만들어진 APT 에너지를 근육에 공급하여 행하는 운동이며, 무산소 운동이란, 1) 2)의 과정과 같이 몸속의 에너지만으로서 행하는 운동이다.

유산소운동을 하면, 운동 시작 후 5분에서 산소 요구량과 공급량이 같게 되고, 시간이 지나면 소비 열량 중 지방의 비율이 점점 더 증가하게 된다.

따라서 체지방을 감소시키고 싶으면 운동을 오래 계속하여야 하며, 운동 시작 후 20분경부터 지방이 녹아 나오기 시작한다고 한다.

2009. 9. 11.

餘桃 之 罪(여도 지 죄); 먹다 남은 복숭아 죄

옛날 위나라에 미자하 라는 아름다운 소년이 있어 임금의 총애를 받고 있었다.

그의 어미가 병들자, 밤중 몰래 임금의 수레를 타고 병문안을 다녀왔다. 위나라 법에 임금의 수레를 훔쳐 타면 발이 잘리는 형을 받게 되어 있었다.

이 말을 전해 들은 임금은 "효행이 지극하구나, 어미를 위해 발목을 자르는 형벌도 잊었다니."

또 어느 날, 미자하가 임금과 같이 과수원에서 놀든 중, 맛이 좋은 복숭아를 먹다가 임금에게 받혔다.

임금은 "네 어찌 애정이 그리도 섬세 하느냐? 자기가 다 먹지 않고 내게 바치다니,"

세월이 흘러 어느 날 미자하의 용모도 쇠하고, 임금의 총애도 식어 벌을 받게 되었다.

임금은 소리를 쳐서 "이놈은 그 언젠가 나를 속이고, 나의 수레를 몰래 탔고, 먹다 남은 복숭아도 나에게 먹였다."

이 내용은 韓非子(한비자) 55편 중 說難篇 에 쓰여 있다.

상대를 설득할 때, 그 마음을 통찰해서 마음에 꼭 들도록 말하는 것이 중요하나, 때로는 그 말씨가 화근이 될 수도 있다는 뜻이다.

2009. 10. 18.

무역 1조 달러 시대, 부산금정 거제향인 정기총회 축사

부산금정 거제향인 회원 여러분 안녕하십니까? 그리고 내빈 여러분과 금정회 고문님, 박시환 회장님, 대단히 감사합니다.

얼마 전 신문을 보니, 우리나라의 올해 무역 규모가 1조 달러를 초과하게 되었으며, 3년 내로 프랑스, 영국, 이탈리아를 추월하여 세계 5위의 무역 대국이 된다는 놀라운 보도가 있었습니다. 즉 미국, 중국, 독일, 일본 다음에 한국의 순이라는 뜻입니다.

그러니까, 1988년 1000억 불 무역 규모에서 23년 만에 1조 달러 무역액을, 선진국이 30년 만에 달성한 것보다 7년 앞당겨 달성했다는 뜻입니다. 조선과 중공업이 세계 점유율 1위이고, 반도체와 휴대폰이 각각 2위, 자동차 4, 5위, 철강 6위 등입니다.

2003년 칠레와 FTA를 시작으로 싱가포르, 유럽 4개국, 아세안, 인도, EU, 미국(진행 중), 페루 등 8개국과 FTA를 체결하였습니다.

많은 외국 기업이 한국에 투자하는 이유는, 한국이 다른 여러 나라들과 FTA를 체결하고 있기 때문에, 글로벌 시장 즉 세계 시장에 접근하기 위해서는 한국이 가장 좋은 징검다리 시장이 된다는 뜻입니다.

이렇게 국운이 대통한, 한국의 시대에 살고 있는 우리들은, 지금부터 어떤 준비와 무슨 생각을 해야, 세계 1등 국가의 국민이 될 수 있는지를, 깊이 생각해야 할 때입니다.

끝으로 우리 거제 향인간의 친목이 더욱 돈독해지기를 바라면서, 오늘의 총회가 원만하고, 순조롭게 진행되기를 바랍니다.

대단히 감사합니다.

2011. 7. 15.
금정회 명예회장

〈금정회〉

수출 세계 7위, 금정향인회

회원 여러분 안녕하십니까? 올해도 건강하시고, 복 많이 받으시기 바랍니다.

신문을 보면, 지난해부터 국내외의 경제와 정치 환경이 그렇게 좋지 않아 보입니다.

그러나 우리나라는 정치 환경과 비교해서, 경제 환경은 50년간 관성이 붙은 수출 때문에, 수출은 세계 7위이고, 무역은 세계 9위나 됩니다.

그렇지만 10위권 안의 이탈리아 같은 나라도 과도한 복지 정책으로 파산 직전에 있답니다.

우리나라는 지금, 그런대로 잘살고 있으나, 앞으로는 어떻게 할 것인지? 많은 걱정을 하게 합니다.

전문가들은, 정부가 국민에게 일을 시키는 복지정책으로, 경제안전망을 구축하고, 전 국민이 진정한 소통으로 통합되어, 국가적 에너지를 최대로 결집할 때 세계 최강이 될 수 있다고 충고합니다.

끝으로 우리 거제 향인의 가정에 건강과 행복한 웃음이 깃들기를 바랍니다.

대단히 감사합니다.

2012. 1. 13.

〈요산동호회〉

채근담(菜根譚), 요산회

채근담은 명나라 홍자성이 지은 책으로, 채근이란, 채소 뿌리라는 말이다. 채소 뿌리의 담백한 맛이 씹을수록 맛이 있듯이 이 책의 내용도 음미하면 할수록 그 오묘하고 심원한 뜻을 깨닫게 한다. 채근담 이란 이름을 붙인 것도 이런 까닭이다.

이 책은 사람이 살아감에 있어서 처세와 수양에 도움이 되는 짧은 경구를 모은 것이다. 예컨대 "세상에 처하여서는 반드시 공을 내 세우지 마라, 허물이 없으면 그것이 곧 공을 세운 것이다. 사람과 더불어 어울리되 덕을 보여 주었다고 생각하지 마라, 원망을 안 하면 곧 덕을 보여 준 것이다."라고 한 데서 보듯이, 사회생활을 함에 있어서 남에게 억지로 명예를 구하지 말 것을 설파하고 있다.

채근담은 이처럼 세상의 이욕(利慾)을 멀리해서 마음을 청정케

하는 경구로 가득 차 있다. 이 책을 읽으면 사회생활에서 오는 마음속의 혼탁한 찌꺼기를 씻어 내어 줄 뿐만 아니라, 처세의 슬기로움까지 터득하게 될 것이다.

2009. 2. 12.

부산대학교 한문학과

이병혁 명예교수

몇 대조와 몇 세손, 금정회 회장 인사

그동안 안녕하셨습니까? 오늘은 두 가지를 말씀드리겠습니다.

첫째는 몇 세손, 몇 대조에 대해서

世 = 代, 중국의 이세민 때문에 세를 대로 고치게 함.

몇 代祖 - 시조 할아버지(1代), 본인은 조가 아님(0조)

몇 世孫 - 본인(1代), 시조 할아버지는 손이 아님(0손)

(농담)

어떤 분이 집안의 대학교수에게 대수를 물으니,

그 교수가 유리수, 무리수도 모르면서 대수(代數)를 왜 묻느냐?

수; 유리수, 무리수

  유리수; 정수, 분수

    정수 = ... -2, -1, 0, +1, +2, ...

    여기에서 1, 2, 3...을 자연수라 함

  무리수; $\sqrt{\ }$

두 번째는, 다음 달 총회를 앞두고, 다음 회장 선임 방법을 의논하고자 합니다.

1. 고문, 명예 회장, 현 회장을 제외하고,
2. 회원 각자가 의논 없이, 5~10명을 회원 명단에서 추천해 주시면,
3. 현 회장단에서, 각자 추천해준 후보자 중에서 다수가 원하는 3~5명으로 압축을 하고,
4. 고문단 회의에서 다음 회장을 결정하는 방법을 취하고 싶습니다.

여러분의 의견은 어떻습니까? 다른 의견이 있으시면 말씀해주시고, 없으시면 이대로 진행하겠습니다.

명단 배부 - 추천한 명단 회수 - 명단 발표

2009. 3. 13.

주(酒)자와 주(酎)자

* 전통명주(酒), 안동소주(酎), 초화주(酎)...

* 소주(燒酒), 청주(淸酒)

와 같이 쓰임에 따라 한문의 술주자를 다르게 쓴다.

酒; 술 주, 잔치 주.

주연(酒宴), 주는 잔치 주, 연은 잔치할 연, 즐길 연

酎; 전국 술 주, 세 번 빚은 醇(순)酒. 주

禮記에는, 孟夏之月 天子 飮..., 맹하는 초여름, 음력4월.

漢 代에는 주금 주(주 金 酎); 종묘를 지낼 때, 천자는 이 술을 마시고, 제후들은 金을 바치고 이 술을 마신다. 금이 적으면 제후들의 토지를 깎는다.

2011. 3. 10.

복(伏)날에, 왜? 개고기를 먹을까?

伏은, 엎드릴 복, 숨고 숨길 복, 굴복할 복, 안을 부

伏날은, 하지(夏至) 후의 세 번째 오는 경(庚)일을 초복(初伏)이라 하고, 네 번째 오는 경일을 중복(中伏)이라 하며, 입추(立秋) 후에 첫 번째 오는 경일을 말복(末伏)이라 한다.

伏은, 금기복장(金氣伏藏)이라, 가을의 기운인 쇠(金)의 기가 여름의 기운인 화(火)의 기에 짓 눌려 있다는 뜻이다.

三庚 은 三伏, 庚炎 은 庚熱, 庚熱 은 三伏 더위,

庚; 고칠 경, 갚을 경, 단단할 경, 길(도로) 경.

夏至, 立秋라는 말은, 지구가 태양을 360도 한 바퀴 돌 때, 춘분(0도=360도)을 기준으로 해서 15도 간격으로 나누어 24절기라 이름 지었으며, 백성들의 생업 활동에서 매우 중요한 시간의 축이 되었다.

(立春, 雨水, 驚蟄(경칩), 春分, 淸明, 穀雨, 立夏, 小滿, 亡種, 夏至, 小暑, 大暑, 立秋, 處暑, 白露, 秋分, 寒露, 霜降, 立冬, 小雪, 大雪,

冬至, 小寒, 大寒)

하늘을 10干(간)으로 나누어, 甲, 乙, 丙, 丁, 戊, 己, 庚, 辛, 壬, 癸라 하고, 땅을 12支(지)로 나누어 子, 丑, 寅, 卯, 辰, 巳, 午, 未, 申, 酉, 戌(술), 亥라 하며, 10간과 12지를 2줄로 다섯 번 조합하면 60甲子가 되고, 還甲=回甲이라는 뜻은 甲이 다시 돌아온 61의 숫자라는 뜻이다.

伏날은, 중국의 진나라 때 생겼고, '동국세시기'에서 삼복에는 개장국에 밥을 말아 먹으면서 땀을 흘리면 더위를 물리치고 허한 몸을 보할 수 있다고 기록되어 있다. 또 역사 기록에 의하면 진덕공(秦德公) 2년에는 농작물의 병충해를 막아 달라고 개를 잡아 삼복 제사를 지냈다고 한다.

그러므로 개 잡는 일이 옛 복날의 행사요, 풍속으로 전해지고 있다.

10간과 12지는, 동물 이름 및 오행(木, 火, 土, 金, 水)으로 보면 방위, 색상, 사시절, 미각을 나타낸다.

2008. 8. 12.

〈금정, 요산 회장 인사〉

등소평의 黑猫(묘)白猫론

회원 여러분 안녕하십니까?

아침 일찍이 우리 산악회에 참가해 주셔서 대단히 감사합니다.

오늘은 저 유명한 등소평의 흑묘백묘론(黑猫白描論)에 대한 말씀을 간단히 드리겠습니다.

중국의 모택동은, 1953년부터 제1차, 2차 5개년 계획을 수립하여 시행하였으나, 흉작이 겹친 실책으로 유소기와 등소평에게 정권을 물려줍니다.

1962년 농촌경제의 혼란을 극복하기 위한 중앙서기처 회의에서 등소평은 흑묘백묘론(= 검은 고양이든 흰 고양이든 쥐만 잘 잡으면 된다. 사회주의나 자본주의에 대한 사상 논쟁보다 잘 살기 운동이 필요하다)을 통해서 자본주의의 요소를 과감히 도입하자고 주장합니다.

그 이후 문화혁명시기(=홍이병 난동 시기, 65~69년)에 등소평은, 이 흑묘백묘론 때문에 4인 방에 의하여 모든 공직에서 추방됩니다.

혁명이 끝나고, 75년에는 완전히 복권되어 군사위원회 부주석과 총참모장으로 주은래를 대신하여 현대화 경제 발전에 주력합니다.

그런데 76년 주은래 총리 사망을 애도하는 천안문 광장의 시민 행렬이 시위로 변질하자, 4인방은 그 책임을 물어 모든 공직에서 등소평을 추방합니다.

그다음 해 77년 모택동이 사망하고, 4인방이 숙청되자 실권자 화국봉을 지지하여 등소평이 복권되고, 당 부주석 및 총참모장이 됩니다.

그리고 78년 화국봉 노선을 비판하여, 사임시키고, 군사위원회 주석을 겸한 최고 실권자로 등장해서 오늘의 발전하고 있는 중국을 만들었습니다(국가 주석은 호요방).

오늘 하루 좋은 산행이 되기 바랍니다. 대단히 감사합니다.

2008. 5. 18.

공자의 말씀,
참된 인생이란?(15, 30, 40, 50, 60, 70세)

십오 이 지우학(十五 而 志于學): 而; 되어서, 뜻 志, 할 于

삼십 이 입(三十 而 立)

사십 이 불혹(四十 而 不惑)

오십 이 지천명(五十 而 知天命) 천명; 하늘의 뜻(가르침)

육십 이 이순(六十 而 耳順) 귀가 순하다, 들으면 안다.

칠십 이 종심소욕 불유구(從心所欲 不踰矩): 곳 소, 넘을 유, 법 구
(마음이 하고 싶은 데로 해도 법도에 어긋나지 않는다.)

〈금정회 회장 인사〉

세계의 부자, 미래의 부자

회원 여러분 그동안 안녕하셨습니까?

오늘은 세계의 부자 이야기를 간단히 드리겠습니다.

2007년 10월 기준으로 세계 3대 부자는 1등이 인도의 무케시 암바니로서, 인도 GNP의 3%, 수출의 15%를 감당하고 있으며, 재산은 우리 돈으로 약 62조 정도이고, 간디가 못 이룬 고질적 계급사회와 절대 빈곤을 15년 이내로 없애겠다는 것이 그의 꿈이라고 합니다.

2등은 빌 게이츠로서 컴퓨터란 한 가지 종목만의 주식으로서 부자가 되었습니다.

3등은 워런 버핏으로서, 가치 있는 주식을 골라 싸게 사서 약 20년 정도 소유함으로써 큰 부자가 되었다고 합니다.

그러면 앞으로는 누가 새로운 큰 부자가 될 것인가?

GE의 볼싱어 부사장은, 앞으로 환경 분야에서 엄청난 부자가 나타날 것인데, 그는 태양 전지의 제왕인 중국의 스저룽 회장이 될 것이라고 하였습니다. 이분은 현재 중국의 부자 9위로서 우리 돈으로 약 3조를 가지고 있답니다.

한편 2012년 이 되면 태양광 발전 비용이 화석 연료의 발전비용과 같게 된다고 합니다.

이상 말씀드린 내용을 요약하면

첫째 때를 봐서 뉴 재생 에너지 펀드에 투자하는 것이 좋을 것 같습니다.

뉴 에너지; 연료전지(산소+수소=발전)

재생 에너지; 태양광, 풍력, 조력, 지열 등

둘째 워런 버핏은, 부자가 되는 공부를 하고 싶거든 회계학을 공부하라고 하였습니다. 회계는 경영의 언어이고, 언어를 모르고 경영을 할 수 없다. 회계 기간을 단기로 잡으면, 구두쇠가 되고, 장기로 잡아야 괜찮은 사람이 된다고 합니다.

대단히 감사합니다.

2008. 7. 11.

〈2007년 요산동호회 망년산행〉

예나 지금 사람은, 같은 생각을 많이 하지만, 실천 방법이 약간씩 다르다

회원 여러분 안녕하십니까?

올 한 해 동안 요산동호회 등산을 무사히 마치게 되어, 대단히 고맙게 생각합니다.

지금부터 약 8000년 전 신석기시대의 한 장면입니다. 그 당시에도 낚시바늘을 만들어 고기를 낚았고, 창으로 고래도 잡았으며, 집은 바닥을 파서, 조개껍질을 깔아 습기를 막고, 흙을 덮어 보온한 움막집에서 살았답니다.

그때와 지금은 무엇이 다르겠습니까?

밤에 전깃불을 켜지 못한 것이 지금과 다릅니다. 현대 문명은 모두가 전기로부터 출발하기 때문입니다.

예나 지금이나 사람이 생각하는 것은 별로 다를 것이 없습니다. 다만 목적을 위해서 실천하는 방법이 약간씩 다르다고 생각합니다.

나라의 운명도 국제적인 힘의 논리에 따른다는 것이 역사가 증명하고 있습니다.

힘의 논리는 군사력에서 경제력으로, 경제력에서 군사력으로 발전해왔습니다. 즉 우리나라는 튼튼한 경제 강국이 되어야 합니다.

신년에도 건강하셔서 요산동호회의 산행에 꼭 참석하여 주시기 바라며, 회원님의 가정에 오복이 함께하시기를 빌겠습니다.

대단히 감사합니다.

2007. 12.

요산동호회 회장

아날로그 와 디지털

1. 아날로그

전구에 전깃불을 켜는 것으로 예를 들어 보자. 불을 켜는 것은 전구에 전류를 흘린다는 뜻이다. 어떤 저항체(R)에 몇 Volt의 전압으로 몇 Ampere(I)의 전류를 흘린다면, I=V/R 라는 옴의 법칙이 성립한다.

전깃불을 얼마나 밝게 켜느냐? 는 전기를 얼마나 사용하느냐? 와 같은 뜻이다.

즉 사용전력 = 왓트 = 전류 × 전압 = I × V = 얼마냐? 는 뜻이고, 내 방을 137 왓트로 빛을 밝히겠다고 하면, 백열등 전구의 필라멘트에 변압기를 써서 137 왓트의 전기(전력)를 공급해야 한다.

그런데 변압기 눈금의 정밀도에 따라 정확한 값이 아닌 비슷한(유사한) 전력만 공급하게 된다. 이 때문에 정확한 값의 저장이나 재생이 어렵게 되고, 이런 점이 "아날로그" 형태로 저장되는 정보의 단점이 된다.

2. 디지털

전깃불을 전혀 다른 방식으로 켜 보자. 다시 말하면 "디지털" 방식이다. 끄고, 켜고를 0과 1만의 수로 바꾼 8개의 전등으로 정확하게 137 왓트의 전구를 켤 수 있다(즉 0과 1을 각각 "비트"라 부르고, 8개의 비트로 모인(집합된) 하나의 "바이트"가 정보를 전달할 수 있다).

지금 밝기가 1에서 128 왓트까지, 2배씩 높아지는 8개의 전구를 왼쪽에서 오른쪽으로 진열해 놓고, 이 전구들이 각각의 스위치에 연결되어 있다고 하자.

137 왓트의 전구를 켠 그림을 나타내면,

1 2 4 8 16 32 64 128

1 0 0 1 0 0 0 1

즉 10010001은, 137 왓트의 전깃불을 켠 정보가 된다.

이렇게 0과 1의 수치로 된(2진법) 8개의 집합(바이트)으로 정보를 정확하게 저장하거나 전달하는 방식이 디지털 방식이다.

〈금정회〉

화이부동(和而不同), 금정회

안녕하십니까?

올해도 만사형통하시기 바랍니다.

일반적으로 대학교수가 세상 물정을 많이 아는 것 같지만, 전공 분야가 있습니다. 다만 모르는 것을 알고 싶어 하는 내면적 충동은 항상 받습니다.

신년 초에 우리 원성삼 처장님으로부터 정성 어린 붓글씨로 "和而不同"이라 쓴 귀한 연하장을 받았습니다.

1. 감사하지만, 무슨 뜻인지를 알 수가 없었습니다.
2. 그래서 "고사성어"라는 책을 찾아보니, "군자는 세상과 조화를 이루나 그 생각이 다르고"라고 쓰여 있습니다. 무슨 뜻인지 잘 이해가 되지 않습니다.

3. 점심때 한문학의 고수이신 이병혁 명예교수님께 물어보니, 공자가 말씀하시기를 군자는"和而不同"하고, 소인은 "同而不和"니라. 에서 따온 글로서, 군자는 "화합하나 동조하지 아니하고" 소인은 "동조하나 화합하지 않는다"는 뜻으로 주자가 해석하였다고 일러 주었습니다.

즉 "군자는 진정한 화합을 하나 부화뇌동은 아니하고, 소인은 부화뇌동*은 하나 진정한 화합은 아니 한다"는 뜻으로 해석함이 좋을 것입니다.

우리나라에는 "同而不和" 즉 부화뇌동(이익을 따라 동조)하나 화합(국익을 위해서 화합)하지 않는 국회의원이 많아 보이니......
이를 어찌하면 좋겠습니까?

감사합니다.

2012. 3. 9.

---

* 附和雷同(부화뇌동): 일정한 견식 없이 남의 의견에 따라 행동함.

성공의 조건

성공한 사람이란, 자기가 세운 목표를 달성하고 정상적인 생활을 하는 사람이라고 정의하면, 성공의 조건은,

1. 스토리텔링을 할 줄 아는 사람; 남이 알아듣게 말을 할 줄 아는 사람
2. 용기 있는 결단의 소유자
3. 좋은 습관을 가진 사람; 성공의 열쇠
4. 건강 관리를 할 줄 아는 사람

나쁜 습관(대표적 예; 도박)

도박회사가 만든 도박 장치에는,

성공 - 실패 - 거의 성공

거의 성공은, 잘하면 큰돈을 딸 텐데, 이것이 미끼다

중독자와 정상인의 차이점은, 거의 성공을 받아들이는 자세가 다르다. 중독자는 성공할 것으로, 정상인은 어차피 실패할 것으로 본다.

습관의 구조

좋은 습관을 붙이는 데는 초기에 의지력과 자제력이 필요하다. 습관이 붙으면 에너지가 적게 든다.

간절한 열망에서 출발하여 열심히 반복 실행을 하면 - 보상을 받는다.

예를 들면,

1. 과학자가 되고 싶다(간절한 열망)
2. 매일 공부를 열심히 한다.
   (학교 성적 상승이란 작은 보상을 받는다.)
3. 공부를 열심히 한 결과가 쌓여서 훌륭한 과학자가 된다.

나쁜 습관을 바꾸려면 자기가 반성하는 핵심습관을 바꾸어야 한다.

습관에도 핵심습관이 있다.

게으른 핵심습관을 부지런한 핵심습관으로 바꾸면; 모든 일이 잘 풀린다.

운동하는 습관을 몸에 꼭 붙이면 많은 아픔과 근심이 사라진다.

사랑이란 무엇인지? 서울 길상사는

길상사 자리에는 80년대까지 '대원각'이란 유명한 요정이 있었다. 그런데 1995년 법정 스님이 '대법사'로 등록하였다.

당시 요정 주인 김영한(법명은 길상화) 여사가 대지 7,000평, 건물 40여 동 등 당시 시가 1,000억 원 상당의 재산을 법정 스님을 통해서 불교에 시주하였다.

김영한 여사는, 한국의 천재 근대 시인 백석과 사랑을 맺지 못한 연인으로, 시 속의 '자야'와 동일 인물이며, 문단에 수필을 발표하기도 하였다.

재산을 시주하였을 때, 어떤 기자가 천억 원이 아깝지 않으냐고 물었더니, 이 돈은 그 사람(백석 시인)의 시 한 줄 보다 못하다고 하였다. 절 이름은 여인의 법명을 따서 길상사로 이름 짓고, 유해는 눈이 하얗게 내린 절에 뿌려졌다. 이 절에는 길상헌이란 사당이 있다.

김영한(1916-1999) 여사는 15살에 결혼, 남편이 우물에 빠져 사별, 갈 곳 없어 권번 기생이 되었으며, 20살에 지인의 도움으로 일본 유학길에 올랐고, 2년 만에 학업을 중단, 은인(조선어학회 사건)의 옥바라지를 위해 함흥으로 돌아왔다.

그곳에서 함흥 영생여고보 영어 교사 백석을 만난 지 하루 만에 동거를 시작해서 석 달간 꿈같은 시간을 보냈다.

백석의 아버지는 아들을 다른 여인에게 강제결혼 시켰고, 그날 밤 백석은 서울로 영한을 찾아 도망가서 재결합하였다.

영한은 젊은 백석의 앞날을 걱정해서 헤어지자고 하였으나, 백석은 러시아로 함께 떠나자고 졸랐으며, 영한이 끝내 숨어버려서 백석 혼자 떠났다.

해방 후에 백석은 북한으로, 계란 같이 잘생긴 영한은, 서울에서 가무와 시, 서화에 뛰어나 한국 최고의 기생으로 이름을 날렸고, 요정을 경영하여 큰돈을 벌었다.

영한은 백석의 생일이 되면, 하루 동안 곡기를 끊고, 불경을 독송하며 백석을 기렸다고 한다.

수억 원을 드려 백석문학상을 제정하였고, 87년 영한은 미국에 있든 법정 스님을 찾아 시주할 뜻을 여러 차례 드려서 오늘의 길상사가 창건되었다고 한다.

영한은, 우리들에게 사랑을 남겨서, 무엇을 전해주려고 하는가?

6장.

거제는 나의 고향이다

〈총동문회장 인사말〉

세상은 넓고 할 일은 많다는 말씀

존경하옵는 선배님! 그리고 친애하는 후배님!

총동문회의 오늘이 있기까지, 물심양면으로 노력해 주신, 전임 회장단의 노고에 대하여 충심으로 감사를 드립니다.

거제중·고등학교 재단의 가장 높은 어른께서 "세상은 넓고 할 일은 많다"고 하셨습니다.

저도 할 일이 많습니다.

학생들을 잘 가르쳐야 하고, 연구도 열심히 해야 하며 부속기관의 10층 건물도 지어야 합니다.

그러나 우리 거제중·고등학교 총 동문회의 일이 더 급하다는, 여러분들의 준엄한 명령이 내려졌습니다.

기꺼이 명령에 따르겠습니다.

이제, 본인이 이 막중한 회장직을 맡으면서 걱정이 태산 같지만, 여러분들께서 총동창회가 힘차고 신나게 잘 나아 갈 수 있도록, 적극적으로 도와주실 것을 믿기 때문에, 동문회를 발전시킬 약속을 할 수 있습니다.

부산에서 유명한 인장방 '해인당'을 경영하는 중17기 정천식(사진) 동문이 스승의 글씨를 받아 목판에 심혈을 기울여 양각 한 작품이다. 글씨의 검은 배경은 많은 동문들이 의좋게 손잡고 궂은일, 즐거운 일 서로 도와서 크게 하나가 되자는 뜻이다.

우리 동문들은, 어려움이 따르더라도 많은 동문들이 더불어 만날 수 있도록, 계속해서 분위기를 조성하여, 씨줄과 날줄이 옷감을 짜듯, 질기고 단단한 동문회를 만들어 봅시다.

끝으로, 각 동문님의 가정에 행운이 깃들기를 바라면서, 우리 거제중·고등학교 총동문회의 무궁한 발전을 위해서 힘껏 노력하겠습니다.

대단히 감사합니다.

1998. 5. 16.

〈거제중·고등학교 총동문회 격려사〉

배정삼 선생님의 “앞을 보라”

거제 중·고등학교 동문 여러분! 안녕하십니까?

그동안 어려운 동문회를 이끌어 오신 강공주 회장님과 임원 여러분의 노고를 충심으로 고맙게 생각합니다.

지나간 1955년 저가 중학교를 졸업 할 때, 동창들과 선생님들로부터 글을 받아 사인북을 만들어 두는 것이 그 당시의 유행이었습니다. 지금은 고인이 되신 배정삼 음악 선생님으로부터 “앞을 보라”는 붓글씨를 받아서 지금까지 간직하고 있습니다.

선생님 말씀대로 우리 동문회는, 앞을 내다보고, 훌륭히 성장하게 될 후배들을 위해서, 우리가 모두 하나 되어 힘찬 발전을 계속해야 합니다.

동문회가 튼튼해야 내가 설 자리가 있고, 후배들이 훌륭해야 선배가 모양을 낼 수가 있습니다. 동문회는 쉬지 않고 굴러가야 하고, 때를 만나면 가속이 붙어야 합니다.

그러나 우리들의 동문회는 어떻습니까? 구르다가 섰다가 또 조금 굴러가다가 서고 하는 일을 되풀이하고 있지 않습니까?

우리들은 갈 길이 바쁩니다. 서둘러야 합니다. 거제시장과 국회의원도 우리 동문에서 나와야 합니다. 50년이 넘은 우리들의 역사가 그렇게 되기를 바라고 있습니다.

동문 여러분! 우리 모두의 힘을 결집하여, 다시 한번 동문회를 키워봅시다.

끝으로, 여러 선후배 동문 여러분! 모두 건강하시고, 뜻하신 일이 잘 되기를 바랍니다.

2003. 12. 27.

지금부터 65년 전
1955년에 써주신
배정삼 선생님의 친필

〈금정회 회장 취임사〉

거제문화원 지명 총람을 보면

회원 여러분 안녕하십니까?

그리고 부산 거제향인회 이철훈 회장님과 내빈 여러분, 참석해 주셔서 대단히 감사합니다.

또한 금정구 거제향인회 공복부 전임 회장님 그동안 본회를 잘 이끌어주셔서 대단히 고맙습니다.

거제문화원 지명 총람을 보면,

합천 해인사의 팔만대장경은 1251년 거제 봉산(가라산, 노자산 일대; 나라의 벌채 금지구역)의 후박나무와 벚나무로 조각하였으며, 바다의 나무로 새겼다 하여 보관하는 절 이름을 '해인사'라 하였다고 합니다.

그리고 1593년 임진왜란 때는 3도 수군 통제영을 '가배량'에 두었다가 '한산도'로 옮겼으며, 1885년 '갈도'를 '해금강'이라 명명했다고 합니다.

또한 1950년 6.25 사변 중 중부 경남 피란민 10만, 인민군, 중공군 포로 15만. 함흥, 원산 피란민 20만을 합해서 외지인 45만을, 인구 7만이던 우리 거제가 수용한 때도 있었습니다.

1965년부터 1971년에는 한국에서 제일 긴 740m의 거제대교가 준공되어 통영과 연결되었으며, 1972년에는 거제만을 굴 양식 청정해역으로 한미 위생행정협정을 체결하기도 하였습니다.

오늘날 대한민국 경제의 생명줄인 옥포조선소를 1973년 10월 기공해서 오늘의 대우조선해양이 되었고, 1974년 죽도조선소를 기공해서 오늘의 삼성 조선이 생겼습니다.

팔만대장경

이제 우리 거제는 국가의 위난과 번영을 함께하는 섬 아닌 육지가 되었습니다.

우리 금정구 거제향인회는, 고향 떠난 사람들이 서로를 도우면서 함께 잘살아 보자는 단체입니다

서로 간에 부담을 주지 않고, 예의를 지키면서, 여력이 있으면 고향 거제를 돕는 단체가 되었으면 좋겠습니다.

맡은 동안 회장의 소임을 다 하겠습니다.

건강하고 즐겁게 살아가시기 바랍니다.

대단히 감사합니다.

2007. 5. 11.

〈격려사〉

모교를 명문 학교로 만들자

동문 여러분 안녕하십니까?

그리고 귀빈 여러분께서도 안녕하십니까?

바쁜 일을 미루시고 이렇게 참석해 주셔서 대단히 감사합니다.

총동문회 김수원 회장님, 이런 자리를 마련해주셔서 대단히 고맙습니다.

저는 이제까지 살아오면서, 좋은 학교를 졸업했다는 말을 한 번도 들어보지 못하고 교수직을 정년 했습니다.

우리 거제중·고등학교를 명문 학교로 만들어야 우리 동문들은 사회로부터 더 좋은 혜택을 입을 수 있습니다.

우리들은 우리의 모교를 반드시 명문 학교로 만들어야 합니다.

만약 우리 동문 중에서, 누가 대통령이 되고, 또 노벨상을 받는다면, 우리의 모교는 세계적으로 이름날 학교가 될 것입니다.

여러분이 잘 아시는 아인슈타인은, 1905년, 25살 때 현대문명을 탄생시킨 다섯 편의 논문을 발표하였습니다.

그동안 4편의 논문은 실생활에 편리하게 이용되고 있었으나, 상대성 이론 만이 약 100년 동안 생활에 이용되지 못하다가, 복잡한 계산을 쉽게 하는 컴퓨터가 나온 이후로, 지금은 우리들의 생활에 편리하게 이용되고 있습니다.

여러분의 자동차에 붙어 있는 Navigation 항법 장치가 바로 상대성 이론을 이용한 장치가 되겠습니다.

한편, 우리 모교를 한국에서, 또 세계적으로 이름난 학교로 만들기 위해서는, 재학생은 더욱 열심히 공부해야 하고, 모교의 선생님들께서는, 우리의 후배들을 다른 학교보다 더 잘 가르쳐 주셔야 하며, 졸업생들은 어떤 직업에서 일하시든지, 한 사람 한 사람이 거제중·고등학교의 대표 상표를 달고 열심히 일해 주어야 합니다.

우리들은 우리 모교를 명문 학교로 만드는데 혼신의 정열을 쏟았지만, 지난 60년도 턱없이 부족했습니다.

우리들은 앞으로 다가오는 100년을 내다보고, 불굴의 투지로서 우리 다 함께 힘껏 노력합시다.

감사합니다.

2008. 12. 6.

〈부산대 명예교수, 지성학원 이사, 금정회장, 거향 제9호 180쪽 2009년〉

거제 시민은, 열린 거제 시대에 무엇을 준비해야 할 것인가?

이 글은, 고현 골드 코스트 선착장에서 우연히 향인회 이정진 총무이사를 만나서 이런 생각을 하게 되었고, 부산 오는 배 안에서 초안을 잡아 쓰게 되었다.

요 약

1. 등산로 정비
2. 거제 일주 관광선(좌회전, 우회전) 신설
3. 문화재(=관광자원) 발굴, 복원, 관리
4. 장승포, 옥포, 고현항 정비와 거제 인접 해안 청소
5. 교육 시설의 환경 개선
6. 낚시 배와 낚시하는 사람의 안전
7. 숙박시설과 식수, 산업 용수 확보
8. 거제 시민의 마음가짐을, 닫힌 거제에서 열린 거제로 전환

우리는 그동안 날씨의 변덕으로 내 마음대로 육지를 왕래하기 힘들었다.

“거가 대교가 곧 개통되면, 15분 이내에 부산으로 갈 수 있단다.”

“아! 잘됐다. 우리의 소원이 이루어졌어”

“아니, 무슨 소리, 거제는 부산 사람들이 버리는 쓰레기로 몸살이 날 텐데 ”

거가 대교

그러나 예측 가능한 미래는 반드시 준비되어야 한다.

자! 무엇이 좋고, 무엇이 나쁘며, 앞으로 거제는 어떤 방향으로 발전해 가야 하느냐? 거제의 앞날을 제시하기는 그리 쉽지 않다.

거제를 왔다 갔다 하는 사람들이 무엇 때문에 왕래할 것인가?

거제시를 출입하는 사람들은 경제활동과 주말 휴식을 위한 것이 거의 전부일 것이다. 그러나 거제 사람이 볼 때는 모두가 경제활동(먹고사는 문제)에 해당한다. 거제는 부산 시민이 주말을 휴식하는 위성도시가 될 것은 거의 확실하다. 거제를 우선 도시 사람들의 주말 휴식 차원에서 보자.

먼저 등산로를 정비해야 한다. 거제시에는 10개의 유인도와 50개의 무인도가 있다. 산 정상에서 물에 뜬 산들(섬들)을 볼 수 있는 곳은 그리 많지 않기에, 사람들은 거제의 산을 등산하고 싶어 할 것이다. 그러면 등산로 입구나 하산 지점에 대형차가 쉴 수 있는 주차장이 꼭 필요하고, 부대시설은 따라가면 된다.

다음은 과열 경쟁으로 적자를 내는 마을 소유의 유람선을 잘 의논하고, 정리해서 좌회전, 우회전하면서 경치 좋은 곳에 내려 주고, 태워 주는 거제 일주 관광선을 띄울 필요가 있다. 관광선 선착장과 등산로 입산, 하산 지점에는 값싸고 맛있는 먹을거리가 있어야 한다. 그리고 숙박시설도 필요하다. 여기에서 중요한 것은, 이제까지 뿌리 박인 섬사람만의 생각으로서는, 차가 있어 빠르게 자기

집으로 돌아가는 방문객을 붙잡을 방법이 없다는 것이다. 모든 면에서 거제시민은 서비스의 질을 전국 수준으로 올려놓아야 한다.

거제시에는 우리나라의 중요 문화재가 많이 있다. 이것을 잘 발굴, 보존, 관리해야 현재와 미래에 우리 거제의 자손이 더욱 번창할 수 있을 것이다.

또, 거제를 찾는 매력(관광)이 무엇일까? 바다 없는 거제를 상상이나 할 수 있겠는가? 방문객은 빙 둘러 쉽게 바다를 접할 수 있기 때문에 거제를 찾아왔고, 찾아보았더니 괜찮았다는 인식을 깊이 심어 주어야 한다. 이 점을 거제 사람들은 절대로 잊어서는 안 된다. 나는 1년에 4, 5차례 거제를 찾아가고, 여객선 출발 시각을 기다리면서 터미널 근처에서 약 1시간 정도 머물 때가 종종 있다. 그러나 터미널 근처의 바다에 고기가 노니는 것을 한 번도 본 적이 없다. 먼저 고기가 놀고, 고기 노는 거제를 찾도록 장승포, 옥포, 고현항 안을 깨끗이 정비해야 하며, 해안가 바다 수질을 조사해서 해초도 잘 살 수 있도록 대책을 세워주어야 한다. 거제의 해안이 죽어갈 때, 거제 사람들의 생활이 대단히 어려워진다고 보면 틀림없다. 이 일은 거제시가 주관하여, 하루빨리 잘 진행해 주기 바란다.

앞으로 거제시의 인구가 늘고, 주는 중요한 요인 중의 하나는 학교의 교육에 달려있다. 교통이 편리해지고, 교육환경이 나빠지면,

거제 사는 학생도 부산 또는 타지역으로 나가게 되고, 교육의 내용이 좋으면, 거제로 몰려오게 된다. 어떻게 할 것인가? 거제시에 있는 학교에 가면, 교육환경도 좋고, 훌륭한 선생님들이 잘 가르쳐 주시고, 학생의 성적도 향상된다면, 입학할 학생들이 새벽부터 줄을 설 것이다. 학교를 운영하는 분들은 깊이 성찰해서 과감한 대책을 세워야 한다.

말할 필요 없이 고기 낚는 사람들의 안전 문제가 대단히 중요하다. 갯가의 갑작스러운 일기 변화를 잘 모르는 사람들이 너무나 많다. 생명을 지킬 수 없는 휴식은 무슨 의미가 있겠는가? 모르는 사람에겐 알려주고, 가르쳐 주어야 한다. 필요하다면 홍보 책자도 만들 필요가 있다.

경치가 좋아, 놀기 좋고 쉬기 좋다면, 하루 밤 묶어가는 것은 식은 죽 먹기다. 값 싸고, 편리한 숙박 시설이 있다면, 구태여 통영까지 멀리 갈 필요가 없지 않겠는가? 열린 거제(=거가대교 개통)가 되면, 유동 인구도 증가하고, 상주하는 사람도 훨씬 많아질 수 있다. 지금의 식수로는 곧 부족해질 것 이므로, 좋은 자리를 물색해서 지금의 몇 배가 되는 댐 건설로 식수와 산업용수를 충분히 확보해야 한다. 바다 속이 좋을는지? 산속이 좋을는지? 전문가의 의견을 듣는 것이 좋을 것이다.

끝으로, 사람 사는 이치는, 참새가 사는 이치와 다를 바 없다. 먹을 것이 있으면, 아무리 쫓아도 다시 오고, 먹이가 없는 곳에는 애를 써서 후리를 해도 참새는 달아난다. 열린 거제시대에, 거제 시민 각자가, 모든(우선 물가부터) 면에서 전국지역과 경쟁 할 각오가 되어 있으면 살고, 그렇지 못하면 서서히 도태하고, 물갈이 되는 것은 당연한 이치가 아니겠는가?

2008. 12. 7.

〈금정회 총회〉

거제는 우리나라의 함축된 역사를 지닌 곳

회원 여러분 안녕하십니까?

향인총회 이철훈 회장님과 추기엽 고문님, 바쁘신 중에 이렇게 참석해 주셔서 대단히 감사합니다,

세월은 일방통행이라서 본인이 회장을 맡은 지 2년이 지났습니다.

오늘은, 지난 3월 모임에서 새 회장님을 모시기로 결정을 보았으며, 총회의 승인만 남겨두고 있습니다.

한편 우리 거제는 함축된 우리나라의 역사를 지닌 곳입니다.

거제시에는 선사시대의 지석이 있고, 신라, 고려, 조선 시대의 해상방어용 성이 많이 있으며, 영등 진(병영) 과 봉화대도 여러 곳에 있습니다.

또 1489년 기성관을 창건하여, 200여 명의 군사들이 배치된 전투선을 타고, 상주하면서 바다를 지킨 때도 있었습니다.

1432년에는 거제향교가 세워졌으며, 1674년에 세운 송시열 선생의 반곡서원도 있습니다. 이 모두가 우리나라의 중요 문화재요, 우리 거제의 자랑인 귀중한 관광자원입니다.

그런데 부산 금정 거제향인회의 회원 구성을 보면, 기업의 대표와 운영에 관계하시는 분이 18명이나 되고, 구청, 시청, 경찰서의 공무원이 17명이나 되며, 또 많은 분이 자영업을 하고 있습니다. 이 밖에 교육, 의료, 언론, 사회복지, 법조계 및 전직 시의원님도 계십니다.

우리 금정회의 인적 자원으로 보아서, 못할 일이 없을 것 같습니다.

더군다나 지난 재부 거제 향인 총회에서 보니, 회장님과 고문님을 위시해서 우리 금정회의 회원들이 본부 향인회를 움직여 가는 깊은 인상을 받았습니다.

이런 일들은, 우리가 어떻게 하면 고향 거제를 도울 수 있을까를 생각하게 합니다,

앞으로 우리 부산 금정 거제향인회는 훌륭하신 새 회장님을 모시고, 더욱더 힘찬 발전이 있기를 기대합니다.

끝으로 바쁘신 공무 중에도 열심히 준비해 주신 신종평 총무님과 금정구청 관계 분들께 깊은 감사를 드립니다.

감사합니다.

2009. 5. 15.

7장.

가족편

家庭教訓

좋은 習慣을 몸에 꼭 붙이자

1. 人事를 잘하면, 生活이 밝아진다.
2. 飮食은 나눠 먹고, 親舊들과 잘 지내자.
3. 부지런하면, 世上에 어려울 것이 없다.
4. 正直해야, 크게 成功할 수 있다.
5. 항상 運動하고, 熱心히 工夫하자.

가정교훈이 만들어진 과정

나는 현재 40살이 된 내 아들이, 초등학교 4학년 일 때, 갑자기 "아버지 우리 집 가훈이 뭐예요?" 묻기에 가훈이 없다. 지금부터 둘이서 만들어 보자.

내가 초등학교 다닐 때 할아버지로부터 귀에 못이 박이도록 들은 내용은 "정직해야 한다.", "인사를 잘해야 한다.", "부지런해야 한다.", "도적질해서는 안 된다."는 말씀이었다.

그리하여 할아버지의 말씀을, 30여 년간 틈틈이 정리하고, 가다듬어서 이 가훈을 만들었다. 내 손자, 외손자 그리고 일가친척, 그 외에 많은 사람들이 이 가훈을 실천에 옮기면, 반드시 성공하리라! 나는 확신한다.

나는 내 아들, 딸들을 어떻게 키웠는가?

〈요 약〉

특별한 사랑(애착)이 아이를 망친다.(부잣집 손자, 첫 아이)

* 너무 큰 기대를 한다.
* 금기 사항이 너무 많다
* 아이들은 또래의 아이들과 놀아야 한다.
* 어른이 끼고 키워, 아이 어른을 만들지 말자.

1. 부모가 아이들 일에 끼어들지 말자. 아이가 무능해진다.
2. 자식들에게 자유를 주어, 스스로 생각하고, 행동(공부)하게 하자.
3. 참고 참은 후에 혼내주자.
4. 평시에는 좋은 친구가 되고, 묻거든 간단명료한 답을 주자.
5. 학교 성적에 너무 집착하지 말자.

공부는 단거리 경주가 아니고, 마라톤 경주다.
아이의 몸이 약하면 건강(운동, 영양, 치료)이 우선이다.
꼴찌 면 → 중간 정도, 중간이면 → 20% 정도, 20%이면 → 10% 안으로 기대한다. 10% 이상은 아이에게 맡겨라.

나는 대학 졸업 때까지만 부모님의 도움을 받았고, 대학원에 입학한 22살부터는 학비와 생활비를 벌어서 스스로 충당하며, 독립하였다. 대학원을 마친 후 몇 개의 야간 중·고등학교 교사를 거쳐서, 29살에 부산대학교 전임강사가 되었으며, 조교수, 부교수, 교수가 되어 만 65세로 2007년 2월에 퇴직하였다.

조상을 공손히 모셔야 할 장손의 팔자로 태어났으나, 물려받은 재산은 없다. 집안의 대를 잇기 위해서는 아들을 꼭 낳아야 한다고 점지했음인지, 딸 넷에 막내아들을 두게 되었다.

집사람과 결혼한 후, 부부간의 첫 번째 합의는, 아이들을 건강하도록 잘 먹일 것이냐, 아니면 약한 아이들 때문에 병원비를 많이 지출할 것이냐를 두고 아이들을 잘 먹이기로 합의하였다.

이 5명의 아이를 최소한 대학을 보내야 하니, 어떻게 뒷감당을 할 것이냐? 재산도 없고, 교수 봉급도 박봉이니, 지금부터 아이들에게 사전 교육을 시켜보자. 공부는 반에서 10% 안에 들어라. 대학에 가고 싶으면 국립대학을 가야하고, 내가 근무하는 대학교에 들어오면 더욱더 좋겠다. 학원에는 보내줄 수가 없고, 뒷감당이 어려우니 예체능계는 생각지 말아라. 단 집에는 여러 가지 사전을 비치해 두겠다.

우리 집 아이들은 부모가 숙제와 과제물을 챙겨주지 않으니, 초등학교 1학년부터 4학년까지 매일 울면서 학교에 다니고, 성적은 항상 뒤편이다. 초등학교 5학년이 되면, 부모의 도움을 받을 수가 없고, 자신이 알아서 해야 한다는 것을 스스로 터득하게 된다. 그러므로 이때부터 성적이 오르기 시작하여 상급 학교로 진학한다.

아들은 3살 때부터 저녁이면 "아버지 씨름합시다." 매일 저녁 씨름을 하지만 언제나 아버지가 이긴다. 이렇게 계속되던 어느 날, 기운을 도운다고 한번 져 준 이후론 씨름 놀이가 끝이 났다.

자! 이 아들 하나를 어떻게 키울 것이냐? 하나라고 생각하면 너무 조심스러운 제한 때문에(자동차 브레이크를 너무 자주 밟아서 차가 잘 갈 수 없듯이) 잘 키울 수가 없다. 한번 생각을 바꾸어 보자.

딸이 넷이니, 따라오는 사위 넷을 합치면 아들이 다섯이다. 그러면 아들 하나를 자유롭게 키울 수 있다.

세 살짜리 아들을 데리고 목욕탕에 가면 "진아야, 너는 혼자니라. 아버지가 목욕하는 것을 보고 혼자 목욕하는 법을 배워서 익혀야 한다." 그리고 비누칠로 몸을 씻어 주고, 물장구치고 놀도록 한 후, 목욕탕을 나오기 직전에 몸을 씻어준다. 초등학교 4학년이 될 때까지는 목욕탕에 데리고 다니면서 혼자 씻는 법을 가르쳐주었으나, 그 이후부터는 친구들과 어울려 목욕탕에 다닌 것 같고, 군에서 복무하고 돌아와서 같이 목욕탕에 갔다.

초등학교 1학년 2학기 때, 어느 날 "아버지 태권도장에 보내주세요." 아들은 아무 대답도 듣지 못하고 반년이 흘러갔다. 2학년에 올라오자마자 "아버지, 태권도장에 보내주지 않으면, 학교에 안 갑니다." 나는 한참 있다가 "좋다, 보내준다. 단, 아버지와 할 약속을 지켜야 한다. "예, 지키겠습니다."

첫째, 공부를 지금보다 못하면 안 된다.

둘째, 태권도장에 다니다가 싫다고 그만두면 안 된다.

이 두 가지 약속을 꼭 지켜야 한다. 이렇게 굳은 약속을 하고 도장에 보내었으나, 5학년이던 어느 날, 태권도장 관장님으로부터 전화가 왔다. 형진이가 도장에 오지 않았다는 것이다.

진이는 해가 지고 어두워서 집으로 왔다.

"진아, 어디 갔더냐?" 진이는 내 앞에 무릎을 꿇고 앉으면서, "운동장에서 친구들과 야구를 했습니다." 매일 꼭 같은 태권도 수련에 싫증이 났겠지…. "아버지와 태권도장을 빼먹지 않겠다고 약속을 했지?" "예" "아버지가 얼마나 무서운 줄 아느냐?" "예 아버지는 아파트도 무너뜨리고, 철봉도 굽힙니다." "앞으로 어떻게 할 것이냐?" "태권도장에는 절대로 결석하지 않겠습니다." "그래 그러면 되었다. 가서 밥 먹어라."

아들은, 공부할 때만 나와 같은 방을 쓰고 잠은 엄마 곁에서 잔다. 나는 아들이 5학년이던 어느 날 우연히 아들의 펼쳐진 일기장을 보게 되었다. '내가 왜 이렇게 공부를 못하느냐? 담임선생님께서 뭐라 하시겠다. 아버지가 대학교수인데, 지금부터 열심히 공부해야지'라고 적혀 있었다.

드디어 아들은 공부의 도(道)가 터지는 것 같다. 정말 고맙고 대견스러웠다. 아들은 그때부터 공부를 열심히 하고, 성적이 오르기 시작하여, 장전중학교를 졸업하고, 지산고등학교를 졸업할 때에는 자기 반에서 1등을 하였다.

"아버지! 대학은 어디로 갈까요? 이제까지 저는 부산대학교 옆에서 살았으니, 부산대학교는 다닌 거나 마찬가지이고, 고대나 연대를 가면 어떻겠습니까?" "아니다, 아버지는 그렇게 생각하지 않는다. 부산대학교 물리학과는 전국 5, 6위 수준이다. 서울로 가면, 4년에 학비가 5000 내지 1억이 들 것인데, 그 돈으로, 대학 4년 동안에 미국 연수를 두 번 보내 줄게. 어떻게 생각하느냐?" 이렇게 하여 아들은 부산대학교 물리학과에 입학하게 되었다.

대학에 입학하자 군에 갈 걱정이 앞선 것 같다. 아버지 군에는 언제 가는 것이 좋겠습니까? 2학년 1학기 마치고 가는 것이 좋을 것 같은데, 군 입대 관계는 병무청에 직접 가서 알아보아야 한다. 그런 이후, 아들은 신체검사를 하였고, 2학년 1학기 시험을 마치고 논산 훈련소에 입대하게 되었다. 어느 날 아들이 휴가를 와서 "아버지 기초 훈련 마치고 논산 훈련소 조교 할지 모르겠습니다." 지나가는 길에 조교에게 어찌하면 조교가 될 수 있느냐고 물었더니, 여러 장교를 거쳐 장군까지 면접을 보았다고 한다. 논산훈련소 조교로서 군 복무를 마치고, 학기에 손실 없이 2학년 2학기에 복학하게 되었다.

입학하자마자 나라의 사정이 어려워져서 연수를 제한, 미국 연수는 한 번만 갔다 왔고, 공부도 열심히 해서 3년 반 만에 우등졸업을 하였다. 나는 아들에게 "이제부터는 미국으로 유학 갈 준비를 하는 것이 좋겠다. 유학 가서 국제 감각을 익혀야 한다."

아들이, 서울 둘째 자형 집에서 1년 동안 유학 준비를 하고, 부산 와서 대학원을 다니면서 계속 유학 준비를 하는데, 너무 힘들어 하면서 "아버지, 카이스트에 가서 박사학위를 받고, 박사 후 연수를 미국에서 받으면 어떻겠습니까?" 한참 침묵이 흐른 후에, 아버지가 만약 미국에서 공부하였고, 거기에서 박사학위를 받았다면 지금은 날고 싶은데, 그렇게 하지 못하고 있다. "정 그러면 할 수 없지, 내가 너를 유학 보내기 위해서 6년 동안 한 달에 100불 내지 200불을 저금해서 만 불을 모았다. "통장과 도장이 여기 있으니, 네 마음대로 쓰라"고 하면서 통장을 건네주었다.

결국 유학 가는 과정의 어려움을 극복하고, 한국장학재단 후원으로 미국 플로리다 대학교에서 물리학 박사학위를 받았으며, 오클리지 국립연구소에서 박사학위 취득 후 연수 과정 중에 싣기 힘든 Nature Materials 지에 '산소 스폰지'에 대한 논문을 싣게 되었다.

큰딸 빈이가 대학수능시험을 친 날, 자동차로 데리러 갔으나, 찾지 못하고 집에 와 보니, 방문을 꼭 걸어 잠그고 문을 열어 주지 않는다. 아마 시험을 잘 친 것 같지는 않다. 어쩌겠는가? 나는 마루에 앉아서 유행가를 한 곡조 뽑았다. 갑자기 방문이 열리면서 "아버지는 무엇이 그렇게 기분이 좋아서 노래를 하십니까?" "왜, 기분이 나쁘냐?" "그러지 말고 온천장에 가서 술이나 한잔하자" 따라나선 딸을 데리고 술집에서 맥주를 한 잔 마시게 하니 얼굴이 발갛게 달아오르면서 마음을 열기 시작하였다. 세상일이란 뜻대로 안 될 때도 많다. 앞으로 할 일이 더 많으니 다음에 오는 일을 잘하면 된다. 마음을 풀어라. 그리고 여자도 술은 먹을 줄 알아야 하되 반드시 자기 주량을 알고 있어야 실수를 막을 수 있다.

우리 집 아이들의 학력을 간단히 소개하면,

첫째 딸은 부경대학 응용물리학과에서 장학금을 받으면서 졸업했고, 사위는 대전에 있는 전자통신연구소 책임연구원이며, 부산대학교에서 공학박사 학위를 받았다.

둘째 딸은 부산대학교 역사학과 대학원 석사를 마치고, 서울시립대학 박사과정을 수료하였으며, 사위는 Ui Path 전무이사로서 미국의 공인회계사이고, 동국대학교에서 경영학 박사학위를 받았다.

셋째 딸은 부산대학교 지질학과 출신의 이학박사이고, 사위 김종권은 부산대학교 항공공학과 출신의 공학박사이다.

넷째 딸은 가톨릭대학교 간호학과를 졸업하고, 평화봉사단원으로 이집트를 다녀왔으며, 대전의 선병원에 근무하였고, 을지대학교 간호학 박사이다. 사위 이승우는 대전의 전자통신연구소 선임연구원으로서 연세대학교 전기공학과 출신의 공학박사이다.

며느리 박유정은, 부산대학교를 수석으로 졸업하고, 서울대학교에서 석사학위, 미국 플로리다 대학교에서 교육학박사 학위를 받았다.

나의 한서 할아버지께서는, 서당에서 체계적인 한학 공부를 하지 못하시고 어릴 때부터 일본사람 밑에서 조선대목(造船大木)의 수업을 받으셨다고 한다. 그동안 3~5명의 목수를 데리고 수십 척의 어선(漁船)을 직접 건조하셨고, 집안에 많은 박사학위를 생산하게 하셨다. 이제 그 내용을 할아버지께 보고 드립니다. 돌아가신 둘째아버지(仲父님) 진세인 교수가 경제학 박사(1971) 1호이고, 손자인 저는 이학박사(1976)로서 2호 박사입니다. 그리고 나의 사위 넷과 아들이 박사이고, 며느리와 셋째 딸 그리고 넷째 딸이 박사이며, 둘째 딸은 박사과정을 수료하였습니다.

그러므로 우리 집안에는 현재, 11명이 박사과정을 수료하였고, 박사학위를 받은 사람은 모두 10명이나 됩니다.

소는 어미로부터 태어나자마자 걷기 시작해서, 자생력을 키운다.

유독 사람만이 자식들을 과잉보호해서 능력이 없도록 키우게 된다.

나의 자녀 교육관은, 아이들이 스스로 자기 할 일을 생각해서, 실천하도록 하게 하며, 당면 문제를 해결할 방법 몇 가지를 가지고 물어오면, 선택해 주는 역할만 하였고 현재도 그렇게 하고 있다. 자식의 일을 대신해 주거나 직접 도와주지는 아니한다. 아이들이 장성한 지금, 자기 일은 각자 다 알아서 하니, 아버지인 내가 얼마나 만족스럽고 편한지를 남들은 잘 모를 것이다.

〈부산대학교 부설 어린이집 ‘하늘만큼 땅만큼’ 2011. 2월호〉

코 아니고, 콧물 - 아심 시 - 너무너무 안 돼요

어린이 김경태, 외할비(외할아버지) 진광수

태태야! 경태야! 일어났나? 일어나라. 어린이집 안 가니. 어제저녁 12시까지 신나게 놀다 아침잠이 깊이 들었나 보다. 전날 일찍 잔 날은 아침 일찍부터 흥얼거리며, 포커레인 장난감 차를 들고 우쭐거린다.

아이들은 태어나자마자 울고, 뒤집고, 기고, 걷기 시작하면서 말을 배운다. 경태가 기어 다닐 땐, 안아주면, 하루에도 백번 이상은 제자리 뛰기를 하였고, 다리에 힘이 올라서인지 일찍 걸어 다니기 시작했다.

경태는 소화 안 되고, 감기가 들면 시무룩하지만, 건강이 좋을 땐 발끝으로 꼿꼿이 걸으면서, “엄마 곰은 날씬해, 경태 곰은 너무 귀여워,~ 아빠 힘내세요, 우리가 있잖아요. ~ 입도 삐뚤, 코도 삐

똘 예쁘기도 하지요. ~ 노는 게 제일 좋아, 친구들 모여서" 노래를 연속으로 부르는데, 끝까지 아는 노래는 없지만, 배짱 한 번 좋다.

엄마! 콧물 나왔다. 콧물! 경태야! 코 나왔다. 코. 할비, 코 아니고, 콧물!

할비! 비행기 내려줘, 할비가 팔딱팔딱 뛰어도 키가 모자란단다. 할비, 의좌 가지고 와!

경태야! 장난감이 너무 많구나, 좀 갖다 버릴까? 너무너무 안 돼요, 안 돼요. 엄마, 아심시(아이스크림) 먹고 싶다. 우까(사로)가자. 아심시 먹고 싶다.

할비와 같이 경태가 어린이집으로 가는 도중에, 갑자기 돌풍이 불어 나뭇잎이 한꺼번에 우수수 떨어지니, 경태가 화들짝 놀라고, 좋아서 기뻐 어쩔 줄을 모른다. 이러한 어릴 때와 같은 예민한 감수성이, 대 발견, 대 발명으로 이어질 것 같다.

경태가 확대경으로 제 손을 보고, 와! 크다. 와! 경태 발 크다. 와! 재미있다. 와! 아빠 손 했다(아빠 손만큼 커졌다).

어린이는 한시도 가만히 못있고, 재작을 부린다. 그렇지 않은 아이는 건강에 문제가 있다고 보면, 틀림없다. 어린이의 가만히 못있는 이러한 행동은, 지극히 당연한 발달 과정이며, 앞으로 성공의 궤도로 진입할 시기에 변화와 창의성의 밑거름이 될 것이다.

보람된 일

첫째 사위, 전자통신연구원 책임연구원, 공학박사 최병철

1993년 2월의 한겨울이었다. 삼성 정보통신연구소에서 5년간의 병역특례를 마치고 포항공대 정보통신연구소에 잠깐 몸담았다가 한국전자통신연구원으로 입사한 바로 그즈음 연구소에서는 대형 연구 프로젝트가 진행되고 있었다. 우리나라를 정보통신 강국으로 올려놓을 결정의 시기였다. 그때까지 학계에서 연구를 위한 수준이거나 국방 영역에서만 제한적으로 사용되던 CDMA라는 통신방식을 이용하여, 일반 대중들이 언제 어디서나 휴대폰으로 통신할 수 있는 이동통신 기술을 상용화하기 위한 대규모 국가적 사업이었다. 간섭 신호에 강하고 통화 품질이 우수하며 통신 비밀 보장에 유리하다는 장점 등을 이유로 그 당시 CDMA 통신 방식을 결정한 것은 아무도 그때까지 성공한 사례가 없었기에 상당히 모험적이었다. 결국, 한국전자통신연구원이 핵심기술을 개발하고 삼성, LG 등이 제품화에 성공한 국가 연구개발 프로젝트의 대표적 사례이다.

일반적으로 상대방과의 무선 통신이 이루어지기까지는 무선 단말(휴대폰), 기지국, 교환국 등 복잡한 시스템들의 구성으로 가능하며, 이 시스템들은 단말의 지역 이동에 따른 통신의 끊김이 없도록 하는 소프트웨어 기술 및 전자, 통신 등 첨단 기술들이 결합한 집합체였다. 이 중에서 나의 일은 기지국과 교환국에서의 CDMA 데이터 흐름이 원활하게 동작할 수 있도록 제어하는 부분이었다. 각자 맡은 역할들이 달라서 그것들을 서로 통합하여 제대로 동작하게 하는 것은 그리 쉬운 일이 아니었다. 어제 잘 동작하던 기능들이 오늘 다시 시험하면 안 되던 일들이 수없이 많았고, 이런 오류들을 하나하나씩 수정하고 보완해 나갔다. 이처럼 매년 500여 명의 연구원들이 밤낮으로 연구개발에 매진하여 1996년 마침내 이동통신 시스템의 상용화를 이룰 수 있었다. 이렇게 빠른 기간 내에 성공을 이룰 수 있었던 배경에는 80년대 말 한국전자통신연구원이 주도적으로 개발하여 상용화에 성공한 전전자교환기(TDX) 기술이 있었기에 가능하였다. 운 좋게도 나는 전전자교환기와 이동통신시스템을 개발한 주역 중 한 멤버가 되어 있었다. 당시 개발된 시스템은 음성통신 서비스 위주의 2G였으며, 이를 근간으로 멀티미디어 및 무선 인터넷 서비스가 가능한 3G, 4G 시대를 거쳐 세계 최초로 5G 시대를 열게 되었다.

90년대 당시 이동통신 시장은 1973년 휴대전화를 처음으로 발명한 미국의 모토로라가 독점하던 때였는데, 우리의 CDMA 기술

개발로 더 외국 장비를 이용할 필요가 없게 되었다. 이로 인한 우리나라의 경제적 파급효과를 200조 원 이상으로 평가하였으며, 기술적 효과로는 우리나라를 세계적으로 정보통신 기술을 선도하는 위치에 올려놓게 한 것이라 볼 수 있다. 이제는 우리들 곁에 없어서는 안 될 정도로 밀착된 스마트폰도 이 기술의 연장선에 있다는 것을 부인할 수 없다.

시윤이하고 은규가 초등학교 저학년일 때 한 번은 주말에 가족과 함께 연구소 홍보관에 갈 일이 있었다. 홍보관은 연구 성과 중에서 대표적인 것을 일반인들에게 알리거나 자랑하기 위한 전시 공간이다. 당시 그곳에는 CDMA 개발자들의 자랑스러운 얼굴들이 빽빽하게 채워져 있었는데 아빠 얼굴을 찾아내고는 기뻐하던 모습이 아련하게 떠오른다.

젊고 의욕이 넘쳤던 30대 초반에 연구실과 실험실을 오가며 고생했던 기억들과 함께 CDMA 개발을 담당했던 한 연구원으로서 지금까지 많은 사람이 스마트한 모바일 문명의 혜택을 누리고 있다는 것에 보람을 느낀다. 지금도 연구소에서는 수많은 연구 프로젝트들이 진행되고 있다. 하지만 CDMA 시스템 개발과 같은 파급력을 가진 성과물은 아쉽게도 아직은 나오지 않고 있다. 언젠가는 10년 또는 20년 이상 나라의 먹거리를 창출할 수 있는 영향력 있는 성과가 나오기를 기대한다.

나의 아버님은…

둘째 사위, 미국 공인회계사, 경영학박사(2019), Ui Path 전무이사

2007년. '새벽에 마시는 술'

아버님의 수필집이 출간된 지 13년의 세월이 흘렀지만, 지금의 아버님은 그 책의 표지에서 하신 말씀처럼 여전히 과거와 미래의 생각을 오가며 현실의 의무 그리고 책임을 다하고자 노력하고 계신다. 아버님은 아직도 많은 독서를 하시며 그중 좋았던 책은 자식들에게 추천하시는데, '자본주의 4.0', '제4차 산업혁명', '한국형 원전 후쿠시마는 없다', '물, 치료의 핵심이다', 'FACTFULLNESS' 등이 그중의 일부다. 환율, 주가, 금리 등 거시경제에도 혜안을 가지고 계시며, 최근에는 외국계 금융기관의 자금 이동에 대해서도 궁금해하시는 등 지식과 정보에 대한 아버님의 갈증은 현재도 뜨겁게 진행형이다.

어떤 연유로 이와 같은 열정이 끊임없이 샘솟고 행동으로 나오시는지…

책 속의 '정년 퇴임사' 부분을 다시 읽어 봤다. 열아홉 살에 시작된 부산대학교와의 인연을 39년간 이어 오셨으니, 그 자부심과 애교심이 어떠하셨을까? 그 마음의 결이, 당신 스스로는 다하지 못한 아쉬움이 있어 시다며, 학자의 길이 우선이어야 하는 후배 교수, 대학의 발전을 위해 노력해야 하는 행정직원, 그리고 폭넓은 사고와 정직을 가져야 하는 학생들에 대한 조언과 당부에 고스란히 담겨있었다. 부산대학교 물리학과 교수로 재직 중인 처남의 최근 연구 활동에 관해 토론하실 때를 보면, 아버님은 아직도 천상의 교수이시고 학자이시다.

아버님의 자식들에 대한 기대와 가르침 그리고 사랑 법은 남다르시다. 과하지도 덜하지도 않고 각자 자신의 길을 만들어나갈 수 있도록 지켜보고 지지해 주신다. 든든한 버팀목이 되어 나의 길을 지켜봐 주신다고 생각하지만, 시간이 지나고 보면 내 인생 중요한 선택의 길목에서 항상 이정표가 되어 주셨다. 이렇듯 감사해야 하는 아버님의 사랑이 당연한 일상이 되는 나는 참 행복한 사람이라는 생각이 든다. 언제 생각해봐도 감사하고 또 감사하다.

다시 한번 아버님의 첫 수필집으로 돌아가면…

'새벽에 마시는 술'이라는 제목을 들었을 때, 가슴 먹먹했던 그 처음의 기억이 난다. 아버님은 혼자 마시는 새벽 술이 자유로운 상상을 하게 하고, 현실에 최선을 다하게 하는 활력소가 된다고 쓰셨지만, 역설적이게도 난 그 안에서 수없이 겪었을 아버님의 회상, 갈등, 삶의 무게, 그리고 다짐이 느껴졌다. 지독히도 어려웠던 대학 시절, 그 이후 오롯이 혼자서 인생을 설계하고 감당하며 헤쳐나간 시간, 그 깊이를 알 수 없는 학문의 심연에서 빛을 찾으려는 필사의 노력, 아버님의 인생 궤적을 이보다 더 잘 표현할 문장은 없다는 생각이 든다.

갓 스무 살에 아버지를 여의고 세상의 매서운 바람을 맞아야 했던 나의 지난 시간이 자연스럽게 반추되며, "네, 저도 감히 공감하고 있습니다."라 말씀드리고 싶었다. 아버님에게 친구가 되고 위안이 되었던 '새벽의 술'이 있었다면, 나에게는 시(時)가 있었다. 아버님의 두 번째 수필집에 자식들의 글을 남기고 싶다고 생각하시기에, 30년도 더 지나 잊고 지냈던, 그 고민 많았던 나의 20대 초반을 열어 봤다.

아버님도 첫 번째 수필집을 내시면서 이러지 않으셨을까? 그때의 고민과 무거웠던 책임감, 하지만 그 속에서 꿈틀댔던 도전, 희망, 열정… 이런 것들이 참 밉고도 고맙게 내 옆에 항상 있었던 것을, 꺼내 볼 때야 비로소 알게 된다.

이제 그중 하나를 열어 본다. 1989년 '참말 7집'에서…

부활(復活)

이미 오래전
나의 날개마저 퇴화해 버렸다고 믿지 않아.

겨드랑이 굳은 근육 속
꿈틀대는 생명력마저 감춘 채
시간이 흘렀을 뿐.

깃털 속에 숨겨둔
나의 비상의지(飛上意志)는
지금껏 나를 부지(扶持) 시켜 왔어.

나를 일으킬 다리가 있음으로
벼랑 끝에 서는 연습을 할 수 있었고
난 오래도록
이 한 번의 추락(墜落)을 위해
나의 날개를 단련시켜야 했어.

이젠
벅찬 가슴을 두드리며
가장 높은 하늘

그리로 뛰어드는 거야.

……

다가오는 지상이
나의 추락(墜落)을 이해 못하더라도
깃을 퍼덕이는 아낌없는 시간
난
강렬한 생명이 되어 부활(復活)하고 있어.

아버님의 동료 교수님께서 공자의 훌륭함과 비범함을 가장 가까이 있는 사람들은 일상이 되어 잘 느끼지 못하지만, 세상이 알아보고 인정을 한다고 하시면서, 학자로서 한 길을 걸어오신 아버님을 이에 비유하셨다. 참 감사하고 공감이 가는 비유이다.

아직도 청년의 호기심과 열정을 가지신 아버님께서 작년 팔순을 맞으셨다. 1995년 처가댁에서 아버님을 처음 뵈었으니, 나를 낳아 주신 아버지와 보냈던 19년의 세월보다 6년 더 많은 시간을 아버님과 같이하였다.

아버님!
항상 자랑스럽고 존경합니다.
지난 25년만큼이나 소중하고 감사하는 또 다른 25년을 기대하는 둘째 사위 올림.

2020. 1. 24.

아버지와 나

아들. 부산대학교 부교수, 이학박사 진형진

나는 소위 귀한 아들이다. 위로 누이가 넷, 누가 봐도 아들 하나 바라고 바란 귀하게 얻은 막내이자 장남이다. 임신 중 어머니는 배 속 아이가 아들인지 딸인지를 알아보기 위해 그 당시만 해도 흔하지 않았던 서울행 비행기에 오르셨고 경희의료원의 진맥을 통해 아들임을 확인하셨을 정도였다. 더군다나 부모님은 아들을 가졌다는 사실을 알고 나서도, '귀한' 아들인지라, 출산 전까지도 그 사실의 비밀을 지켜줄 수 있는 몇몇 사람들과만 공유했다고 한다. 그래서 생긴 해프닝도 있다. 이민을 가기로 마음먹은 어머니의 사촌이 내가 딸이면 입양하겠다 했단다. 이렇게 귀하게 태어난 나는 부모님에게는 더없이 귀한 자식이었을 테고, 누나들에게는 적어도 항상 양보해야만 하는 그저 예쁘지만은 않은 존재였을 것이다. 내 부모님은 각종 모임과 나들이 때에 항상 나를 데리고 다니셨다. 물론, 일곱 식구였던 우리 가족이 당시 맵시나 한 대로 온 가족이 다 같이 나들이를 하러 가는 경우는 내 기억에 딱 한 번 있긴 하다.

이런 배경을 가진 내가 그나마 망나니로 크지 않은 이유에 대해 곰곰이 생각해보니, 아마도 아버지의 특별한 교육 방식 덕분에 가능하지 않았을까 싶다. 내 유년 시절의 기억을 더듬어 아버지의 아들 교육, 그리고 당신 나름의 가정교육의 테두리를 돌이켜보니 대략 이러하다.

적절한 참을성의 함양: 아버지는 테니스광이다. 어린 시절의 내 기억 속에는 일곱 식구가 살던 방 네 칸 집의 마루 한쪽에 테니스공을 매달아두고 매일 테니스 연습을 하셨던 아버지 모습이 있다. 그런 아버지가 걸음마를 뗄 무렵의 나를 데리고 테니스장에 다니셨음은 그리 놀라운 사실이 아니다. 아버지는 종종 가족들이며 친지들에게 한 세트의 게임이 끝날 때까지 울지도 않고 잘 버티는 꼬맹이 '나'의 참을성에 대해서 자랑을 하시곤 하셨다. 하지만, 내가 보는 관점에서는 아버지의 테니스에 대한 열정이 나의 참을성을 기르게 한 거라 말하고 싶다. 내 참을성에 기여한 건 비단 아버지의 테니스 열정뿐만이 아니다. 국내 완성차 초창기 모델에 가까웠던 우리 차 맵시나는 꽤 자주 고장이 났던 것 같다. 그래서 주말에는 현재 부산대 제2 도서관 옆의 학교 버스 정류장에 꼭 나를 데리고 가셔서는 몇 시간이고 나를 옆에 둔 채 자동차를 이렇게 고치고 저렇게 고치고 하셨다. 아무리 차를 좋아하는 나이지만, 초등학생에게 주말에 자동차 고치기 관전은 아버지의 참을성 수업이었던 것 같다. 물론, 이렇게 얻은 나의 참을성은 힘들고 길었던 나의 학위 과정을 끝내게 할 수 있었던 원동력이 아니었나 싶다.

다그치기보단 칭찬(잘 먹이기): 나는 칭찬에 굉장히 인색한 사람이다. 매번 마음을 먹지만, 쉽지는 않다. 내 기억에 아버지는 꾸지람을 거의 하지 않으셨다. 오히려 그 시대의 여느 아버지처럼 삶의 힘겨움 속에 무관심으로 무장하신 분에 더욱더 가까웠다. 하지만, 나에게 한 번의 칭찬이 나를 참 부끄럽게 한 적이 있었다. 고등학교 1학년, 두 번째 시험 결과에서 전교 등수가 거의 100 등정도 떨어졌더랬다. 물론, 원인은 유난히 수다스러웠던 나의 짝과의 수다와 무난하게 좋은 결과를 안겨 준 첫 시험이 줬던 방심이었다. 그 당시에는 성적표를 집으로 보내지 않고, 종례 시간에 선생님이 나눠주시고는 부모님 서명을 받아서 반납했었다. 두 번째 성적표를 받았던 토요일 오후에 얼마나 부끄럽고 두려웠던지 그 기억이 생생하다. 어렵게 보여드린 성적표를 보시고, 아버지는 어머니에게 "애 잘 먹여야겠다" 라고 한마디 하시곤 다른 말씀이 없으셨다. 그리고 그날 고기를 많이 먹었던 기억이 난다. 그날 이후로 나는 남들 다 가는 학원도 고등학교 졸업할 때까지 다니지 않고, 독학자와 같은 심정으로 혼자 공부를 했던 거 같다.

자유로운 삶: 나는 대학을 자연과학부로 진학을 했고, 물리학 전공을 하였다. 어떤 이유에서였는지 몰라도 나는 같은 학교 같은 과에 계시는 아버지를 마주친 적이 거의 없다. 그 외에도 서울로 학

교에 가고 싶었던 나를 붙잡았음에 대한 대가로 나에게 자유로운 삶을 주셨던 건지도 모르겠다. 나의 대학 새내기 생활이란 주 5일을 술로 끝나는 일정이었다 할 만큼 친구들 그리고 선후배들과 술자리를 즐겼었다. 하루는 양주가 먹고 싶다는 선배들의 요청에 밤 11시가 넘은 늦은 시간에 다락방에 있는 양주를 가지러 같은 과에 있던 내 사촌 형과 같이 집으로 침투하였다. 그리고 양주 한 병을 들고 나가는 찰나에 아버지께서 그 광경을 보셨지만, 별말씀 없이 그냥 넘어가셨다. 그날 우리는 새벽까지 시간이 어떻게 가는지도 모르고 양주를 마셨던 기억이 난다.

정도를 가는 것(적극적인 군 입대 권유): 부모님 말씀에 의하면 나는 생후 100일도 안 되어 장중첩으로 수술을 받았다고 한다. 그로 인한 부작용은 아주 가끔 장이 꼬이는 것 같은 느낌이 있고, 나는 어떻게 그 통증을 극복해야 하는지를 알고 있다. 어쨌든 그 옛날의 수술로 인해 내 배에는 약 15cm 정도 되는 수술 자국이 선명하게 있다. 이 수술 자국으로 인해 대한민국 남자라면 피해갈 수 없는 병역의 의무 앞에서 부끄러워질 뻔한 적이 한 번 있었다. 흔들리는 나에게 나의 아버지는 군대는 꼭 다녀와야 한다고 얘기를 하셨다. 사실 별 얘기는 아니지만, 군대를 다녀온 나는 군대로 인해서 2년 2개월의 기간을 사회에서 보낼 수 없었지만, 모든 일을 함에 있어 많은 자유와 혜택을 받을 수 있었다. 군 생활은 나에게 해야 하는 것이 힘들지만, 하고 나면 그 후의 삶이 편안해지는 것을 깨달았던 경험이었다.

누군가는 아버지들의 흔한 무관심이라고 내 이야기를 해석할지도 모른다. 하지만, 나의 아버지는 큰 틀 안에서 자식을 키우는 방법, 아들을 키우는 방법, 대한민국에서 바르게 자랄 방법에 대해 당신만의 단단한 교육관이 있으셨다. 아버지가 주신 큰 틀 안에서 나는 자율성, 참을성, 그리고 책임감을 배우고 익혔다고 믿는다. 그리고 이러한 가르침은 현재의 내가 처자식과 행복하게 살 수 있는 토대를 마련해주셨다고 생각한다. 나도 이제 나의 아들이자 아버지의 손자 선이에게 어떻게 가르쳐야 할지 고민할 때가 된 것 같다.

할아버지, 할머니께

대전 한밭초등학교 5학년, 자랑스러운 손자 이동준

고마우신 할아버지, 할머니께

우여곡절 일이 많았던 2018년이 지나가고, 2019년이 왔네요. 봄이 왔는데도 아직 쌀쌀하네요. 하지만 그 쌀쌀함을 견디어 내고 꽃이 만발하는 계절이 왔어요.

안녕하세요? 저 동준이에요. 아직 쌀쌀한데 할아버지께서는 감기나 병에 걸리지는 않으셨는지요? 할머니, 이모, 이모부는 잘 계시나요? 사촌 동생 경태와 동연이는 잘 있나요?

저는 집에서 잘 지내고 있어요. 어머니, 아버지 잘 계시고, 동생도 잘 있습니다. 저는 이제 6학년이 되었고, 소민이는 4학년이 되었어요. 엄마는 대학원 박사과정 공부 중이시고요. 아버지도 회사를 잘 다니시고요.

제가 편지를 쓰게 된 이유는 할아버지께 할머니께 고마운 일이 있어서 쓰게 되었어요. 첫 번째는, 할아버지의 실험실을 보여주신 것이 고마웠어요. 실험실에는 일면 다이아 현미경(바늘로 물질을 눌러 단단함을 알아본다. 바늘 끝에 다이아몬드가 붙어 있어 다이아 현미경이라고 부른다.)과 다른 현미경도 신기했고, 가장 신기했던 것은 실험실 가장 안에 있던 큰 실험기구예요. 두 번째는, 할아버지가 저희가 올 때마다 용돈을 주시는 것이에요. 소민이가 저보다도 어린데 둘 다 똑같이 주시고 그래서 부산에 갈 때마다 이번에는 '용돈을 얼마를 주실까?'라는 생각도 부산 갈 때면 꼭 한 번씩 들어요.

마지막으로, 할머니에게 고마운 일인데 우리가 부산을 갈 때마다 맛있는 음식을 해주셔서 감사해요. 볶음밥, 해산물 산적, 고기 등 여러 가지 다 맛있지만, 그중에서도 저는 사골국이 가장 맛있었어요. 또, 간식도 한과, 치킨 등등 여러 가지 음식 다 감사합니다.

저와 우리 가족 소식과 하고 싶은 이야기가 여러 가지 있는데 저번에 못 알려드린 기말고사 결과로 시작해서 새로 다니게 된 학원까지 알려드릴게요. 먼저, 저는 알려드리지 못했지만, 기말고사를 올백을 맞았어요. 결과 나올 때 조마조마했는데 보고 나니 올백이었어요. 그래서 저는 참 기뻤어요.

두 번째로, 제가 5학년이 되었어요! 저는 5학년이 되어서 약간 긴장되고 재미있을 것 같아요. 그리고 제 기준에서는 지금까지는 잘하고 있는 것 같아요. 또, 새로운 친구도 여러 명 사귀었어요.

세 번째는 저번에 갔을 때(3월 17일) 못 뵌 것인데요. 아쉽게도 할아버지는 못 뵙고 제사만 도와드리고만 갔네요. 다음번에는 꼭 할아버지를 뵈러 갈게요.(할아버지가 원하시면)

네 번째는 이번에 새로 다니게 된 논술 학원인데요. 이 편지도 마침 논술 학원에서 편지 쓰는 법에 대해 배우면서 잘 쓸 수 있게 되었어요. 다른 글 쓰는 방법도 많이 배우고요.

마지막으로, 어머니는 약 25%의 확률을 깨고 박사과정에 들어가셨어요. 지원자가 30명 이상이었는데, 8명만 뽑았는데 엄마가 최선을 다해서 운도 있었겠지만, 실력으로 붙었어요.

이야기는 이제 마치겠습니다. 할아버지, 할머니, 이모, 이모부, 사촌 동생까지 안녕히 계세요.

2019. 3. 27.

현대판 별주부전

부산 장전초등학교 5학년 김경태: 각색, 2020. 1.

옛날옛날 용궁에서 일어난 일이었다. 용왕이 큰 병에 걸렸다. 그 병은 토끼의 간을 먹어야지만 낫는 병이었다. 그 간을 가져올 동물을 찾고 있는데,

용왕 : “내가 아픈 데는 토끼가 좋다고 하니 토끼를 데려올 동물이 있느냐?” 신하는 “용왕님 자라는 물 밖에서도 살 수 있으니 자라를 보내는 게 좋겠습니다.” 그래서 자라가 용왕님 앞에 섰다.

자라 : “용왕님 피곤한데 안가면 안되요?”

용왕 : “아니! 그러면 내가 죽으란 말이냐?”

자라는 할 수 없이 용궁을 빠져나와 도망간다.

자라가 돌아오지 않자 용왕은 게를 불러 토끼를 잡아 오라고 했지만, 며칠 뒤 한 게가 말했다.

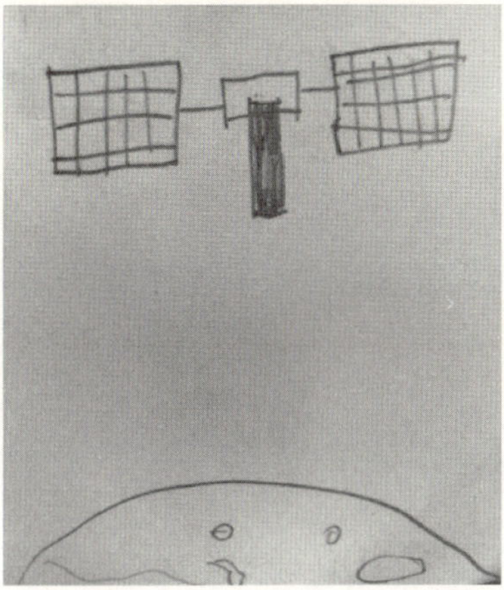

게 : “용왕님 저 말고 모든 게가 사람들에게 잡혀 간장 게장이 됐습니다.”

용왕은 답답해서 총 병력을 동원하여 과학기술을 높이고 인공위성을 만들어서 물고기 군대에 실시간으로 토끼의 위치를 제보해서 토끼를 잡았다. 하지만 오는 길에 버뮤다 삼각지대에 빠져 용왕은 300만 대군을 잃었다.

그렇게 과학기술을 발전시켜서 10년 뒤 나노기술을 이용해서 양자 컴퓨터를 만들어서 토끼를 직접 만드는데 그 토끼는 간이 없었다. 그래서 거의 죽어 가는데 그때 나무투전승불*이 나타나 토끼의 간을 주고 간다. 그래서 용왕은 병이 낫고 엄청난 과학기술로 잘 먹고 잘살았다.

* 서유기에서 삼장법사와 함께 불경을 구하러 간 손오공이 부처가 돼서 부르는 이름.

돼지 왕자 삼 형제

대전 한밭초등학교 4학년 이소민, 2020. 1.

(이 이야기는 원래 이야기와 전혀 상관없이 새로 시작되는 이야기입니다.)

옛날옛날 어느 돼지 왕국에 세 왕자가 살았어요.

그런데 어느 날, 첫째 왕자는 집을 나섰다가 행방불명이 되었어요.

그러자 왕위를 물려받을 수 없었던 둘째 왕자가 왕위를 탐내며 왕과 왕비를 설득했어요. "아빠! 형은 이미 사라졌는데.... 언제 돌아올지도 모르고...." 그러자 왕이 말했어요. "네 이놈!! 형이 사라졌는데 네가 첫째 아들을 잃은 내 마음을 알고도 그렇게 얘기하는 것이냐?!!!"

그러자 둘째 왕자는 속으로 생각했어요. '에잇! 항상 그놈의 형, 형,형!!!!! 차라리 숲속에 가서 돌아오지 말고 평생 살아버려라!

다음 날, 아침 둘째 왕자는 아침을 먹으러 가다가 충격적인 대화를 엿들었지요.

"여보, 요즘에 둘째 왕자가 왕위를 탐내는 것 같아요~"

"나도 그렇게 생각하고 있소. 흠흠!"

그러자 왕비가 말했어요.

"그냥 차라리 조용하고 성실한 셋째는 어때요?"

"혹시 모르니 좀 더 지켜보겠소."

그러자 둘째 왕자는 덜컥 걱정이 되었어요.

그러다 결국 둘째 왕자는 셋째 왕자를 만나보기로 했어요.

그래서 둘째 왕자는 생각했어요.

'그냥 본론만 바로 얘기할까? 아니야! 그럼 너무 원하는 게 뻔히 보이잖아! 그럼 슬쩍 떠보자!'

그러곤 둘째 왕자가 말했어요.

"넌 형 걱정 안 돼?"

그러자 셋째 왕자가 말했어요.

"안될 리가 있어? 형이 얼마나 나한테 잘해줬는데, 그냥 아무것도 안 해준 게 너무 후회돼!!"

"그럼 넌 왕위 생각은 없니?"

"난 형이 돌아오면 대답할게...."

'칫! 그냥 대답만 하면 될 것을!!!'

둘째 왕자가 생각했어요.

다음 날, 식사하는 중에 왕비가 갑자기 물었어요.

"셋째야, 넌 왕위에 오를 생각은 없니~~?"

"...."

왕비와 왕이 신호를 주고받은 뒤, 왕이 말했어요.

"흠흠!! 그럼 둘째 왕자가 뒤를 잇겠다!"

그러자 셋째 왕자가 말했어요.

"지금 그런 소리를 할 때에요?!! 형이... 첫째 형이 사라졌는데!!"

"어허!! 어디서 감히 그런 말을!!!"

그러자 셋째 왕자는 식탁을 쾅!! 하고 치며 일어났어요.

그리곤 셋째 왕자의 방으로 가버렸지요.

드르륵!! 쾅!!!!!!

그러자 둘째 왕자는 셋째 왕자를 쫓아갔어요.

드르륵~!

"야, 넌 내가 왕위를 잇는 게 싫어? 그래도 우리 부모님이 너무 많이 속상하셔서 잊으려고 일부러 그러시는 거야. 너도 알잖아."

"형은 형만 잘났지!"

"뭐?!!"

"나 다 알아! 형이 왕위 차지하려고 숲속으로 보낸 거잖아!!"

"그랬단 증거가 어디 있어!?"

(몸싸움 중...)

(왕과 왕비가 달려온다.)

"이게 무슨 일이니!!!"

"이게 한두 번이야?!! 당장 나가서 손들고 반성해!! 아니, 더 이상은 너희랑 못 산다. 너희 알아서 집 짓고 살아!!"

(둘째 왕자와 셋째가 놀라며 같이 말한다.) "네에에!!!???"

"얼른 나가. 당장!!!!"

하루 뒤,

셋째는 위치를 정하고 있었고, 둘째는... 재료를 구하고 있었다.

그런데 둘째는 재료를 구하러 숲속에 갔다가 첫째 왕자를 우연히 만나 사연을 설명하고, 첫째도 집을 지었어요.

첫째는 한자 마법을 할 수 있었지만 한 번도 사용하지 않았어요, 왕은 그 능력이 걱정돼서 항상 조심하라고 신신당부하셨거든요. 그래서 부작용에 대해선 잘 몰랐지만 한자 마법을 써서 아주 멋진 집을 지었고 둘째는 집을 사서 거기에서 잤고, 셋째는 왕국 바로 옆에 있는 작고 아늑한 집을 얻어서 잤습니다.

다음 날, 그들은 어떻게 되었을까요?

첫째는 한자 마법의 부작용이 일어나서 늑대에게 쫓기고 둘째는 지갑을 안 들고 와서 월세를 못 내고 주인에게 쫓기고 셋째의 집에는 늑대들이 함부로 가지 못했답니다. 왜냐구요?? 왜냐면 바로 옆에 왕국이 있어 언제든지 왕과 왕비가 보면 쫓아낼 수 있었거든요. 그렇게 셋째는 잔머리를 통해 생존했답니다~!!

이렇게 길고 긴 이야기 끄으으으을~!!! -THE END-

날으는 소녀 그림

부산 장전초등학교 1학년 김동연

8장.

진(陳)씨 편

다음과 같은 유언을 남겼다고 한다.
"군대는 부모자식처럼 단결시키고 백성을 너그럽게 대하여 그 힘으로 대업을 이루십시오."
사후에는 흥다오 대왕(興道大王)으로 신격화되어 기일에는 대대적인 제사가 행해졌다. 저서에 《병서요략(兵書要略)》, 《만겁종비전서(萬劫宗秘傳書)》 등이 있는데, 모두 병법가로서의 면모를 보여준다. 오늘날까지 베트남에선 그를 기리는 제사가 행해지고 있으며, 베트남 전쟁시기에는 남북 베트남 가릴것 없이 쩐흥다오를 자신들의 이미지로 삼으려 했다. 북베트남 입장에선 미군을 몽골과 같은 오랑캐로 규정해 그를 본받아 그들을 몽땅 까부수자는 목적이었고, 남베트남 입장에서도 월맹, 베트콩을 오랑캐로 규정하는 식.
남베트남에선 자국 화폐의 디자인에 등장시키기도 했다.

[JPG external image]

남베트남 500동짜리 화폐의 모습 (1966년 유통시작)

진(陳)씨의 중국 시조와 한국 시조

주(周)나라 무왕(武王) 구(求)가 호공(胡公) 만(滿, 우 나라 순임금의 36세손=陳씨 중국 1세)을 陳 나라 왕으로 봉하였으며, BC 500년경 그 후손인 호공 항(亢)이 나라 이름인 陳을 성으로 쓰게 되셨다. 항의 자는 자금(子禽)이시며, 공자의 門入으로 이름을 떨친 인물이시다.

중국 송나라 휘종 때, 1101년경, 항의 46세손 우윤(右尹=부총리 벼슬)을 지낸 진수(陳琇)가 국란 때, 가족을 동반하고 고려국으로 건너와서, 여양군 덕양산 아래 정착, 그 아들이 휘 총후(寵厚, 중국 72세손=한국 1세)가 되시다.

휘諱 滿(1세); 중국 시조, 휘는 돌아가신 분 앞에 붙이는 존칭어.
- 陳 총후寵厚; 한국시조, 중국 72세, 고려예종(서기1105~1122) 때

* 아래의 (2-1)은, 2세이고, 첫째아들이라는 뜻이며, (3-2(2))는, 3세이고, 아들 2에 둘째 아들이라는 뜻이다.

- 준俊(2-1); 判兵部事 - 광수光脩(3-2(2)): 兵部常書=판서=장관 - 화準(4-3(3)): 매호공, 翰林學士 -영헌令獻(5-1): 翰林學士 - 번蕃(6-4(3)); 전서공(장관) - 숭崧(7-1) 版圖判書=장관 - 사언斯彦(8-1) - 중성仲誠((9-2(2)): 刑曹參判=차관 - 치상致常(10-4(4)) - 회誨(11-1); 縣監=3갑 - 복기福期(12-2(2)) - 오기五期(13-1); 承旨=차관보 - 여의汝義(14-5(4)) - 극일克一(15-2(1)); 이조 인조 때, 여평군驪平君, 工曹判書(=장관,정이품) - 충건忠建(16-2(2)); 묘, 창원 - 한익漢翊(17-2(1)) - 서영瑞榮(18-2(2)); 묘; 창원

* 서기 1697년 거제로 들어옴

- 봉일奉一(19-1) - 명발明發(20-4(1))묘, 학동수산 - 자홍自弘(21-1); 묘, 구천동 시목곡 - 종보宗輔(22-3(1)); 묘, 학동수산 - 중삼重參(23-1); 묘, 학동 안산 오지등 - 창성昌晟(24-1); 묘,학동 솔밀등率密嶝 - 명찬命찬(25-2(1)); 묘, 다대리 주전곡 - 무환茂換((26-2(2)); 묘, 학동 서남산 -우석禹錫(27-2(1)); 묘, 학동 흘이등屹利嶝 - 한준漢峻(28-7(4)); 묘, 창원 - 남식南息(29-3(1)); 묘, 정관 대정 - 광수光守(30-3(1)); 부산대학교 물리학 교수, 이학박사 - 형빈(31-5(1) 여); 이학사. 민경(31-5(2) 여); 박사과정 수료, 미정(31-5 (3) 여); 이학박사, 보경(31-5(4) 여); 간호학 박사, 형진亨秦(31-5(5) 남); 미국, 플로리다 대학교, 물리학 박사, 부산대학교 부교수

좌윤(左尹); 조선조 종 2품

한림원(翰林院); 고려와 조선 시대에 임금의 명을 받아 문서를 꾸미는 일을 맡아보든 관아. 예문관, 한림학사?

전서공(典書公); 고려 충렬왕 34년(1308)에 둔 선부, 민부, 언부의 으뜸 벼슬, 고려 때 정 3품

여평군(驪平君); 陵參奉(=3을)-宣傳官-文武居士-主簿(=3갑)벼슬, 1627년 이인거의 란에, 이인거를 사로잡아 서울로 압송, 평정하였다.

안성(安城) 군수, 3등 수충분의 소무공신(輸忠奮義 昭武功臣)에 책록되고, 여평군에 책봉되었다. 60세 별세-가선대부 호조참판(=차관) 겸 동지 의금부 부총관, 자헌대부 공조판서(=장관) 겸 의금부오위 도총부 도총관

진씨 성을 가진 전 세계 인구는, 약 1억 명 이상이다.

* 춘추시대의 陳나라(BC 854~BC 479, 375년 이상); 별지 설명
* 남북조시대의 陳나라(AD 557년부터 33년간의 왕조); 〃
* 베트남 쪈왕조(Tran, 陳, 1226~1400, 174년간의 왕조); 〃

중국 춘추시대의 진(陳)나라 (BC 854~BC 479) 375년

중국의 서주(西周) 시대부터 있었던 국가로서, 오제 중의 한명인 순(舜)의 후손이 주나라의 무왕으로부터 분봉 받은 제후국으로, 황하강 유역에 위치하고 있었으며, 수도는 완구였다가 나중에 진으로 옮겼다. 국성은 규(嬀)성이고, 작위는 공작이다.

시조는 호공 규만으로 역사서에 전하는 바에 따르면, 그는 순(舜)임금의 후손이라고 기록되어 있다. 규만은 요 임금 이후의 조상 대대로 도공으로 일했으며, 그의 가문이 만든 도기들이 백성들의 생활에 아주 큰 도움이 되었기에 이를 치하하는 의미로, 무왕이 자신의 큰딸을 규만의 아내로 삼게 했다고 한다. 왕의 맏사위가 된 규만에게는 완구일대가 봉읍 되었으며, 후작을 봉작 받아 왕가 척족의 제후국을 열게 되었다. 이것이 바로 진나라의 건국 배경이라고 전한다. 이처럼 제후국으로서 정통성은 확고한 진나라였지만 주변의 제후국들이 강성해지는 동안 그 성장세를 따라잡지 못해 언제나 약소국으로 남을 수밖에 없었다. 때문에 진나라는 언제나

주변국들의 압박에 시달려야 했다. 특히나 강국이었던 초나라가 이웃해 있었기 때문에 진나라는 항상 초나라의 의향에 휘둘리다가 결국 반속국화 되었다.

여공(厲公)의 대에 이르러서는 내정마저 혼란해져 후계를 두고 이웃 나라의 간섭까지 받으며, 나라의 세력은 더욱 뿌리가 약해지게 되었다. 이 중 여공의 아들인 공자 완(完)은 나라를 버리고 기원전 672년에 제나라로 망명하여서 장사하다가 제 환공의 신하가 되어 새로운 세력을 키워나갔다. 완은 고국의 이름을 따서 진완(陳完)이라는 이름으로 불렸는데, 처음에 환공이 대부 벼슬을 내렸을 때 겸손하게 거절하고 대신 공정이 되었다. 제나라는 해안가에 위치했고 자원이 풍부한 나라라 소금, 어패류, 철 등이 흔했고 수공예가 뛰어났다. 공정이란 벼슬은 이것을 관리하는 벼슬로 높지는 않지만, 경제력을 손에 쥐는 벼슬이라, 대대로 공정을 세습해 어느 정도 실력을 갖추게 된 완의 후손은 스스로 전(田)씨를 칭하기에 이르렀다. 나중에 그의 후손인 전씨 일족은 제나라 안에서 커다란 세력가로 성장하여 완의 후손인 전항(일명전상)의 대에 이르러서는 제나라 왕실마저 좌지우지할 만큼 강력한 권력을 행사하게 되었다. 전항의 증손자 전화는 마침내 제나라 마지막 군주 강공(康公)을 제나라 해변으로 내쫒음으로서 사실상 태공망의 후손이 다스렸던 강(姜)씨의 제나라, 즉 강제(姜齊)는 기원전 386년을 기점으로 멸망하고, 전씨가 새로운 통치 세력이 되어 제나라를 다스리게 되니 이때부터 제나라를 전제(田齊)라고 부르게 되었다.

그러나 외국으로 나간 일족의 눈부신 활약과는 달리 본국 진나라는 계속 이웃 강대국들에 시달리는 신세였다. 기원전 599년, 대부 하징서(夏徵舒)가 임금 영공을 시해하고 스스로 임금이 되자 초 장왕이 하징서의 시해한 것을 벌하자는 명분으로 진나라를 쳐, 하징서를 죽이고 일시 진나라를 병탄했다가, 신숙시의 충언을 듣고 영공의 세자 오를 진후로 세워 복국 시켰다.

일단 복국은 됐으나, 완전히 초나라의 속국이 됐으며 기원전 534년, 진나라에 군위 계승을 둔 내란이 발생하자, 초 영왕이 이를 틈 타 진나라를 멸망시키고 다시 초의 속령으로 삼았다. 그런데 기원전 529년, 초 영왕을 몰아내고 새로 초 왕에 등극한 초 평왕의 외교 방책에 따라 애공의 후손 오를 진후로 세워 다시 복국 시켰다. 하지만 초나라가 오나라의 공격으로 잠시 쇠퇴한 사이 진나라는 다시 배신했고, 기원전 479년에 초 혜왕은 군사를 보내 진 민공을 잡아 죽이고 진나라를 완전히 멸하고 진현으로 만들었다.

이후 망국의 백성이 된 진나라의 제후 일족은, 동족이 다스리는 전제(田齊)로 망명하여 고국의 이름을 따서 진(陳)을 성으로 삼았다. 이것이 바로 현재 중국과 한국, 일본에 분포하고 있는 모든 진씨의 시초라고 전한다.

* 역대 군주

앞에는 시호, 뒤에는 이름이다. 예를 들면 '호공만'은 '호'라는 시효를 받은 '공' 작 규 '만'

- 호공 만(胡公 滿)
- 신공 서후(申公 犀侯); 호공의 아들
- 상공 고양(相公 고羊); 신공의 동생
- 효공 돌(孝公 嬀突); 신공의 아들
- 신공 어융(慎公 嬀圉戎); 효공의 아들
- 유공 영(幽公 嬀寧,BC 854~BC 832, 재위 22년); 신공의 아들
- 희공 효(희公 嬀孝,BC 832~BC 796, 재위 36년); 유공의 아들
- 무공 영(武公 嬀靈, BC 796~BC 781, 재위 15년); 희공의 아들
- 이공 열(夷公 說, BC 781~BC 778, 재위 3년); 무공의 아들
- 평공 섭(平公 燮, BC 778~BC 755, 재위 23년); 이공의 동생
- 문공 어(文公 圉, BC 755~BC 745, 재위 10년); 평공의 아들
- 환공 포(桓公 鮑, BC 745~BC 707, 재위 38년); 문공의 아들
- 여공 타(厲公 佗, BC 707~BC 706, 재위 1년) 혹은 진후 타(陳侯佗); 환공의 아들, 채나라 사람들이 세자 면을 죽이고 그를 세웠다. 그런데 훗날 선공이 애첩의 아들 관을 태자로 삼으려고 원래 태자 어구를 죽이자, 어구가 아꼈던 완은 화를 입을까 봐 두려워서 망명했다. 그의 시호가 폐위되어서 원래는 없는데, 사마천이 다음 군주인 여공 약(厲公 躍)과 착각을 하여 시호를 잘못 기록하였다. 중국에서는 지금 진 폐공이라 칭한다.
- 이공 약(利公 躍,BC 706~BC 700, 재위 6년)혹은 여공 약(厲公躍); 여공의 동생, 저구와 함께 여공을 죽이고 그를 세웠다. 사마천이 시호를 잘못 기록하였다. 사실은 이 사람이 진여공 이다.

- 장공 임(장공 임, BC 700~BC 693, 재위 7년); 이공의 동생
- 선공 저구(宣公 杵臼, BC 693~BC 648, 재위 45년); 장공의 동생
- 목공 관(穆公 款, BC 648~BC 632, 재위 15년); 선공의 아들
- 공공 삭(共公 朔, BC 632~BC 614, 재위 18년); 목공의 아들
- 영공 평국(靈公 平國, BC 614~BC 599, 재위 15년); 공공의 아들, 간신들과 함께 하징서의 어머니 하희와 간통하는 사이였는데 간신들이 하징서가 영공과 닮았다며 사실은 하징서가 영공의 자식이 아니겠느냐고 패드립을 치자, 빡친 하징서에게 시해당하고 태자 오는 진(晉)으로 도주했다.
- 하징서(夏徵舒, BC 599, 재위 수개월); 대부 하어숙과 하희의 아들로 어머니와 자신을 농락한 영공을 죽이고 찬탈했다. 하지만 간신들이 초나라로 달아나 이를 알렸고 곧 초왕의 공격으로 죽임을 당했다. 장왕은 진나라를 멸하고 진현으로 삼았다. 진의 1차 멸망.
- 성공 오(成公 午, BC 598~BC 569, 재위 30년); 영공의 아들, 신숙시가 장왕을 설득하여 영공의 태자 오를 진나라에서 데려다가 진후를 삼았다. 진의 1차 복국, 그러나 재위 29년 초를 배신했다.
- 애공 약(哀公 弱, BC 569~BC 534, 재위 35년); 성공의 아들, 재위 34년 병이 들어 와병 중, 그의 동생 초가 그의 태자 사를 죽이고 애공을 포위하자 자살했다.
- 진군 유(陳君 留, BC 534, 재위 9개월); 애공의 아들, 첩의 아들

로 애공이 자살하자 공자 초의 의해 군위에 올랐으나, 초 영왕이 내분을 틈타서 진을 공격하자 정나라로 망명했다. 영왕은 진나라를 다시 진현으로 삼았다. 진의 2차 멸망.

- ○ 혜공 오(惠公 吳, BC 534~BC 506, 재위 28년); 애공의 손자 이자 애공의 아들 도태자 사의 아들, 초 영왕을 죽인 평왕이 그를 찾아진 후로 만들고 복국 시켰다. 진의 2차 복국.
- ○ 회공 유(懷公 柳, BC 506~BC 502, 재위 4년); 혜공의 아들, 재위 4년 오나라로 갔다가 예전에 오지 않았다는 이유로 억류되고 결국 거기서 죽었다.
- ○ 민공 월(湣公 越, BC 502~BC 479, 재위 23년); 회공의 아들, 재위 23년 초나라 백공 승이 초나라 혜왕을 습격하는 내분이 일어나자 그 틈을 타서 초나라를 배신하고 되려 공격했다. 하지만 다음 해 혜왕은 백공의 반란을 평정하고 진을 공격해 민공을 잡아 죽이고 진을 완전히 멸했다.

춘추시대의 진(陳)나라는, 재위기간이 375년(BC 854~BC 479) 이상이다. 조상 대대로 도공 출신인 순(舜)의 후예로서, 주(周)나라 무왕으로부터 분봉 받은 제후국으로 출발하였고, 이웃의 초나라 때문에 2번 멸망, 2번 복국 하는 흥망을 거듭하였다.

[참고; 인터넷, 나무위키]

중국 남북조시대의 陳나라(AD 557년부터 33년간)와 진가 태극권(陳家 太極拳)

陳 왕조를 세운 진패선(陳覇先)은 오흥군 절강성 가흥 출신으로 순수한 강남 사람이다. 미천한 출신이고, 무공으로 출세한 그는 오흥태수 소영에게 발탁되어 서강독호 고요 태수를 역임하였다. 후경의 난이 일어나자 왕승변(王僧辨)군과 합류해서 후경을 멸망시켰다. 진패선은 북제의 후원을 받고 있는 왕승변의 잔여세력을 몰아낸 뒤 황제의 자리에 올랐으나, 재위 2년 만에 죽고 그의 조카 진천(陳倩) 文帝(559)가 즉위하였다.

즉위한 진 문제가 죽고(567), 태자가 자리를 이어받았으나(廢帝 伯宗), 문제의 동생 안성왕 욱(頊)이 측근인 모희와 무장 오명철과 모의하여 황제를 패위 시키고 스스로 즉위하여 宣帝가 되었다. 또 선제가 죽고 후주 진숙보(陳叔寶)가 즉위하였다. 음주작락 만을 일삼고 황음사치에 빠지니, 민중을 수탈하고, 정치는 부패하지 않을 수 없었다. 수(隋) 문제 양견은 병사 51만 8천 명을 팔로(八路)로 나누어서 陳을 침공하였다. 후주 진숙보는 604년 52세의 천수를 다하여 낙양에서 죽었다.

진 왕조는 5대 33년의 단명으로 종말을 고했으나, 종래의 남조 여러 정권과는 성격을 달리하는 면이 돋보인다. 즉 종래의 남조 여러 왕조는 귀족층에 그 기반을 두고 있었는데, 진조는 오히려 토호 장수 층이 그 정권의 기반이 되고 있다. 토호 장수 층이란 양말 후경의 난을 계기로 무정부 무방비 상태에 빠진 강남의 각 지역에서 자연발생적으로 생긴 즉 요사렴이 쓴 진서(陳書) 권35 史臣論에서 "군읍암혈(郡邑巖穴)의 長 촌둔오벽(村屯隖壁)의 호(豪)"라고 묘사한 자위 집단의 통령(統領)들이다.

진 왕조 발족 이후 이런 토호 장수 층이 왕조의 군사, 사회, 정치적 기반이 되고, 이들의 정계 진출이 두드러지게 나타나게 되었다. 진대에서는 남방 토착 세력인 토호, 한문 층의 신흥 계급이 귀족제의 틀을 깨고 새로이 정치, 사회, 군사적으로 현저하게 대두한 시대이다.

[참고문헌: 위진 남북조 사, 이공범 지음, 지식산업사, 2003]

진가 태극권(陳家 太極拳)

태극권의 역사는 명나라 말 청나라 초로 올라간다. 명나라의 무관 출신인 진왕정(陳王廷)이 명나라가 쇠퇴하자 관직을 사임한 후 고향인 진가구(陳家溝)로 낙향하여 전장에서 익혔던 무예와 진씨 일족들에게만 전수되는 기예, 그리고 음양오행설과 도인, 토납술을 연구하여 그 이론과 실기를 보충한 뒤 창시한 권법이 태극권의 시작이라는 설이 정설로 알려져 있다. 태극권은 초기에 몇 가지 초식밖에 없었으며, 그 이름도 진가권(陳家拳) 등으로 불리며, 외부인들에게 철저히 공개를 엄금하여 진씨 일족들에게만 전수가 되었으며, 후일 진씨 14대조 진장흥(陳長興) 때 양로선(楊露禪)에게 태극권을 공개적으로 전수한 것을 시작으로 태극권이 널리 퍼지게 되었다. 태극권의 원류가 된 진왕정 직계의 이 태극권이 바로 오늘날의 진식태극권(陳式太極拳)이다.

베트남의 쩐(陳) 왕조(Tran, 陳, 1226~1400, 174년간)와 쩐흥다오(陳興道) 장군

리 왕조의 멸망

216년간 장기통치 기간 중 번영을 누렸던 타잉똥(1054~1072)과 년똥(1072~1127) 시기를 거치면서, 계속되는 소수 종족의 반란과 국사를 돌보지 않고, 사치와 향락에 빠졌던 조정과 관리들의 무자비한 착취가 왕족의 멸망을 재촉하였으며, 당시 지방을 주름잡던 대표적 세력 중의 하나인 쩐(Tran)씨가 리 왕조를 물려받게 되었다.

쩐 왕조(Tran, 陳, 1226~1400)는, 몽골의 1, 2, 3차 항전을 승리로 장식하여 베트남의 자긍심을 가장 드높인 왕조이며, 베트남 역사상 태상왕 제도를 시행한 왕조이고, 외척에 의한 전행을 막기 위하여 황족의 근친혼을 허용했던 왕조이다. 그러나 왕족의 근친혼이 깨어지고, 외척에 의하여 나라가 무너지게 되었다.

국가의 정비

내란수습에 이어 국경 지역의 혼란해결에도 노력하였으며, 유화와 무력의 2원 정책을 고수하였다. 즉 공주와 소수 종족 추장 간의 혼인 혹은 황제 자신이 추장 딸과 혼인을 하여 수하에 넣거나 아니면 무력으로 제압하는 형태를 취하였다. 쩐왕조는 황족 중심과 강력한 군대, 엄한 법률을 바탕으로, 중앙 집권 통치를 했다. 왕조 성립과정에서 공을 세운 자들을 중앙 중직에 봉했으며, 경제적, 군사적, 요충지역에 쩐씨 황족으로 구성된 왕후들을 파견하여 철저히 관리했다.

쩐씨 황족의 거미줄 형태의 전국 지배방식은, 전항에 따라 독자적으로 작전을 전개하여, 승리로 이끄는 데 일조를 하였다.

왕위 계승법은 태자가 장성하면 왕위를 물려주고, 부왕은 태상왕이 되었다. 이것은 사후 태자들의 왕위 계승권의 분열을 차단하기 위함이다. 쩐 왕조는 베트남 역사에서 황족에 의한 권력 독점이 가장 심했다.

관리임용형식은, 천거 제도와 음서제도, 그리고 과거제도를 병행하였다. 귀족 관리들의 자녀에게 군사교육을 시켰다고 하는 것은 몽골의 남진을 일찍 예견하고, 항쟁을 준비했음을 의미한다.

쩐왕조는 20권의 국조 통제(1230), 10권의 국조 상례(1230), 한 권의 공문 격식(1299), 10권의 황조 대전(1341), 1권의 형서(1341) 등 다섯 종류의 법전을 만들었다. 사법기관을 조직하고 처벌 규정을 명확히 규정하였다. 모반의 경우는 연좌제를 적용하여 모든 친족을 멸했다. 강도는 얼굴에 글자를 새기고, 9배의 배상을 시켰다.

군대는, 수도를 지키는 금위군과 지방 및 요처를 방위하는 지방군이 있었다. 금위군은 2만 명 정도로 봉급이 지급되었으며, 정규군 외에 마을 방어를 위해 방대 즉 향군이 있었다.

토지제도는, 왕실 소유의 국고전이 있었으며, 얼굴에 여섯 자를 세긴 죄인이 경작하였다.

쩐왕조의 산업발전

핵심 산업은 농업이고, 둔전 개발에는 노비 외에 군인과 상인도 동원되었다. 각종 세금, 토지거래, 상품매매, 사면 등이 돈으로 가능했던 것은 쩐왕조의 전반적 경제발전, 특히 상품경제의 발전을 의미한다. 당시 다이비엣(Dai Viet, 大越, 대월)에서는 당과 송의 화폐가 사용되었다. 각종 도량의 단위를 통일했으며, 목재와 비단의 단위를 척으로 통일하였다. 중국, 라곡, 자바, 섬, 서역의 국가들이 다이비엣을 왕래했으며, 주요 수출품은 도자기였다.

몽골항쟁

다이비엣의 쩐왕조는 오늘날 베트남 면적의 1/2에도 못 미치는 조그마한 영토를 가지고 있었으나, 몽골 침략을 3차례나 막아낸 유일한 나라이다. 현대전에서, 베트남이 프랑스와 미국, 중국을 이겼다는 점들과 함께 불가사사의 하게 여겨지는 역사적 사건 중의 하나로 여겨지고 있다.

몽골은 남방에 속했던 다이비엣을 점령함으로써 전투식량과 용병의 획득과 뛰어난 수군을 확보하기 위해서 1258년부터 1288년까지 세 차례에 걸쳐 약 일백만의 대 병력을 동원하여 침략했으나, 모두 실패하였다. 이러한 실패는 몽골의 일본침략을 종결케 하는 주된 요인과 함께 미약하나마 세계사의 흐름에 영향을 주었다.

문화

쩐왕조의 문화는 중국문화의 요소 외에도 인도와 점성과 몽골 문화의 요소가 많이 가미되었다. 쩐왕조는 몽골항쟁에서 각종 무기 제조 기술의 향상과 지형, 지물, 기후 등을 활용한 전술의 개발을 통해 군사문화의 발전을 이루게 되었다. 특히 손자병법을 다이비엣의 자연환경에 맞추어 편집한 쪈꾸옥 뚜언의 〈병서요략〉은 전술개발의 대표적이라 할 수 있다. 그리고 민간에서는 외침에 대비하기 위한 무예를 익히는 일과 신체를 단련하고 촌민의 단합을 꾀하기 위한 민속씨름과 격투기 등이 활성화되었다.

쪈왕조의 쇠퇴

쪈왕조는, 밍똥 말을 기점으로 쇠퇴하기 시작했다. 이는 왕실의 내분, 왕권의 약화, 공전의 축소, 사전의 확대, 몽골항쟁의 전흔, 점성의 침입 등 복잡한 요인 때문이다. 군주들이 유약하고, 역량이 부족하였을 뿐만 아니라 뛰어난 관리들도 없었든 결과 마침내 외척 호꾸리에 의하여 왕조가 찬탈당했다.

[참고문헌: 베트남 역사 읽기; 송정남, 한국외국어대학 출판부, 2010년]

쩐흥다오(베트남어: Trần Hưng Đạo/ 陳興道 진흥도, 1228~1300년)는 베트남의 쩐 왕조의 왕족이자 장군이다. 베트남 쩐 왕조의 초대 황제 태종(太宗)의 형인 진류(陳柳)의 아들이다. 본명은 진국준(Trần Quốc Tuấn, 陳國峻)이고, 흥도(興道)는 후에 그 공적을 칭송하여 주어진 호칭이다. 병서요약(兵書要略), 만법종비전서(萬劫宗祕傳書)등의 저작을 남겼다.

호치민시에 있는 쩐흥다오의 동상

처음에는 조정의 실권을 잡고 있던 진수도(陳守度)에 의해서 아버지 진류가 실각당하고, 조정과 대립하고 있었던 시기도 있었지만, 지용이 뛰어난 인물이어서, 후에는 장군으로서 중용되었다. 1257년 몽골군이 침공해 왔을 때도 베트남군을 인솔하여 몽골군을 크게 격파하여 몽골군을 추격할 때까지 대승을 거두었다.

1282년 원나라의 쿠빌라이 칸이 군대를 보내어 침공하자, 진흥도는 베트남군의 총사령관에 임명되었고, 교묘한 게릴라전을 펼쳐 원나라군을 크게 물리쳤다. 이때, 원나라의 압력으로 인종(仁宗)이 항복하려고 했지만, 진흥도는 "싸우지 않고 항복할 정도라면, 나의 목을 바칠 수 있다" 하였고, 원나라에 항복을 반대했다고 한다. 진흥도에 의해서 인종은 원나라에 저항하기로 하였다.

쩐 왕조의 조정에는 장낫즈앗 등 외교에 뛰어난 자도 있어 또 원나라군이 베트남 쩐 왕조와 참파를 동시에 공격하는 양면 작전을 취하였고, 쩐 왕조는 참파왕 체만(Chế Mân)과 화해를 하고 연합전선을 결성하여, 게릴라전을 전개했다. 1288년 베트남군과 참파군의 게릴라전에 골치를 썩인 원나라군은 결국 철군을 하였다. 이때, 진흥도는 원나라군을 백등강(白藤江)으로 추격하여, 원나라군을 괴멸시켰다. 그 공적으로 다음 해에 왕으로 책봉되었다.

1300년에 사망하였다. 임종 때 황제가 그 죽음을 슬퍼하였고, 참파왕 체만은 최대의 동지를 잃었고, 1306년에 인종의 딸과 정략결혼을 하고, 개선된 양국 관계의 유지를 도모했지만, 1307년 체만이 갑자기 죽었고, 그의 죽음으로 베트남과 참파 두 나라는 다시 수렁의 항쟁에 돌입하였다.

[참고문헌: 나무위키]

9장.

돌아가신 둘째아버지(仲父님) 진세인 경제학박사

중부님 진세인(陳世仁) 교수 약력

생년월일 : 1929년 8월 19일

졸 : 1975년 10월 13일

출 생 지 : 거제시 동부면 학동리 311번지

■ 학 력

	진주사범학교, 부산중학교 졸업
1956. 4.10.~1958. 3.25.	고려대학교 대학원 경제학 석사
1971. 8.30.	건국대학교 대학원 경제학 박사

■ 경 력

1958. 9. 1.~1975.10.12.	건국대학교 법경대학 경제학과 강사, 전임강사, 조교수, 부교수, 교수
1965. 3. 1.~1969. 8.30.	고려대, 성균관대, 숙명여자대, 한국외국어대학교 강사
1964. 9.20.~1966.12.20.	한국경제학회 평의원
1973. 3. 6.	건국대학교 호주문제연구소 소장
1975.10.13.	건국대학교 재직 중(서거)

■ 논 문

- 한국산업의 기술진보 조건 등 총 18편

■ 저 서(1954~1975)

- 한국 경제성장과 기술진보 기여도 측정에 관한 연구
- 동태경제의 분석, 현대경제학 소비이론
- 한국 산업기술사 연구, 국민 소득론, 근대경제학
- 현대경제학, 경제학요론(계론), 신 체계 해설 경제학
- 객관식 경제학 등 총 16권

진세인 교수 저서

1. 動態經濟의 分析; 라빈슨 저, 진세인 역, 문연사, 1954. 1959.
2. (客觀式)經濟學問答 全集; 진세인 편, 권영사, 1961.
3. 現代經濟學과 消費理論; 듀센베리 저, 조동필, 진세인 공저, 법문사, 1960.
4. 現代經濟學; 김윤환, 진세인 공저, 박영사, 1963.
5. 經濟大意; 진세인 저, 일신사, 1964.
6. 韓國 産業技術史 硏究; 그 기초적 고찰, 현대산업기술의 연구, 진세인 저, 건국대학교, 1970.
7. 國民所得論; 진세인, 김용국 공저, 박영사, 1971.
8. 近代經濟學; 진세인 저, 박영사, 1964.
9. 經濟原論; 진세인 저, 법문사, 1966. 1975.
10. 經濟學계론; 진세인 저, 진명문화사, 1972.
11. 客觀式 經濟學; 진세인, 배동원 공편, 삼영사, 1973. 1974. 1975. 1976. 1977. 1992 ?.
12. 客觀式經濟學問答集; 진세인 편, 삼영사, 1973. 1978. 1979. 1980.
13. 經濟學要論; 진세인 저, 삼영사, 1973. 1977. 1978.
14. (新體系解說)經濟學要論; 진세인 저, 1976. 1980.
15. 經濟學계론; 진세인 저, 진명문화사, 1980. 장원사, 1983.
16. 韓國의 經濟成長과 技術進步 寄與度測定에 관한硏究; 진세인 저, 건국대학교, 1969.

진세인 교수 논문

韓國産業의 技術進步 條件; 1958년 이후 한국제조업에 있어서 기술진보의 경제효율에 관하여, 건국대학교 박사논문, 1971.

1. 기술혁신의 생산효율에 관한 연구, 진세인, 경제학연구, 한국경제학회, 1971.
2. 한국의 경제성장률을 촉진시킨 기술진보 기여도의 연구; 진세인, 경제학연구, 한국경제학회, 1969.
3. 소비함수 Model의 전개; 진세인, 경제학연구, 한국경제학회, 1962.
4. 한계생산역설; 진세인, 경영논총, 고려대학교 경영대학, 1964.
5. 독점의 경제이론; 진세인, 경영논총, 고려대학교 경영대학, 1963.
6. 經濟成長과 産業技術의 條件; 진세인, 상경휘집, 건국대학교, 1966.
7. Cambridge 學派 現金殘額方程式의 系譜; 진세인, 상경휘집, 건국대학교, 1965.
8. 英國과 獨逸에 있어서의 産學協同에 關한 硏究; 진세인,황칠성, 우홍구, 윤경우, 박동희, 1974.
9. 現代産業技術의 硏究; 진세인, 학술지, 건국대학교, 1966.

10. 中共의 工業經濟와 技術進步에 關한研究; 진세인, 학술지, 건국대학교, 1975.

11. 消費理論의 研究; 진세인, 학술지, 건국대학교, 1962.

12. 韓國의産業과 技術에 관한研究; 진세인, 학술지, 건국대학교, 1970.

13. 韓國産業成長過程에 있어서의 技術進步率推計에 관한研究; 진세인, 김순곤, 배동원, 학술지, 건국대학교, 1976.

14. 韓國貨幣經濟의 近代化科程; 진세인, 연합학회지, 건국대학교, 1964.

15. 貨幣數量說; 진세인, 연합학회지, 건국대학교, 1964.

16. 東洋的社會.經濟型의 構造解剖; 진세인, 연합학회지, 건국대학교, 1963.

17. 케인즈學派와 人口理論; 진세인, 정대학회지, 건국대학교 정치대학 연합학회, 1962.

[부록]

테니스대회 출전 및 입상 전적(戰績)

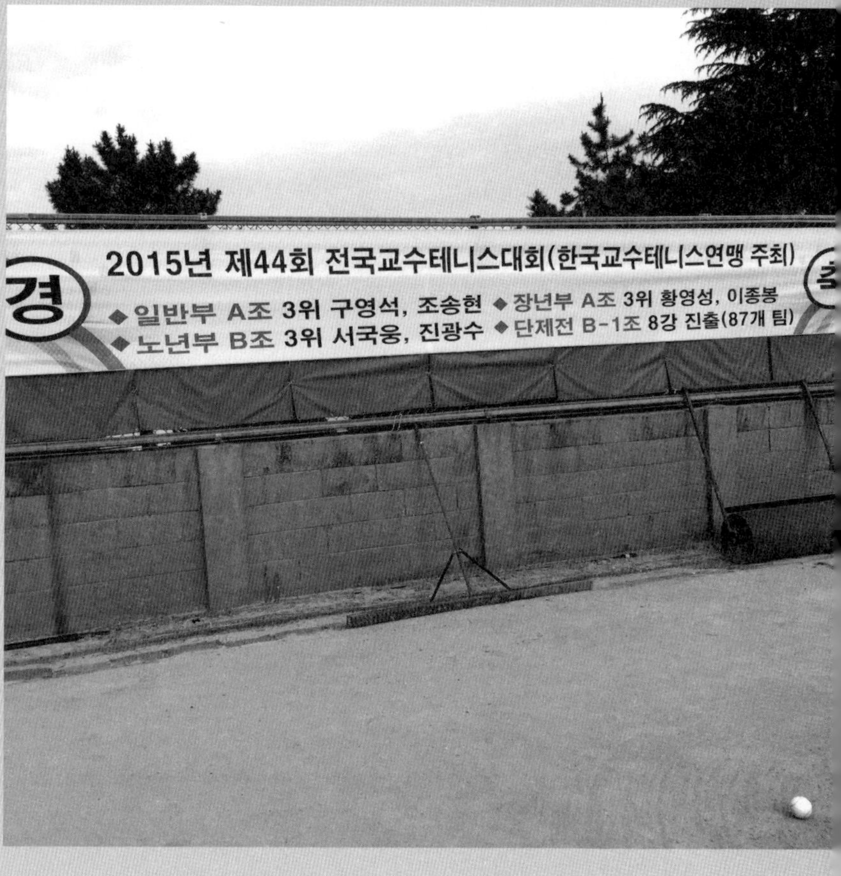

테니스대회 출전 및 입상 전적(戰績)

[48회 출전, 23번 입상]

- 제1회 총장배 테니스대회
  1973. 11. 11. 감투상
  부산대학교 총장

- 제1회 럭키그룹 회장배 쟁탈 부산시 직장 테니스대회
  1974. 12. 22.
  부산대학교 테니스코드 부산대 B조

- 송년 테니스대회
  1974. 12. 28. 준우승
  부산대학교 총장 윤천주

- 제2회 부산대학교 총장배 쟁탈 부산시 교직원 테니스대회
  1975. 4. 19.~20. 미기상
  부산대학교 총장 윤천주

- 제2회 청룡기 쟁탈 부산지역 크럽대항 테니스대회
  1975. 6. 14.~15. 삼화레오파드코트
  조선일보 부산지사

- 제2회 김영구배쟁탈 테니스대회
  1975. 6. 21.~22. 삼화레오파드코트
  부산시 테니스협회

제1회 부산은행장배 쟁탈 부산지역직장 테니스대회
1975. 10. 18.~19. 부산대학교A조 우승

제2회 럭키그룹회장배쟁탈 부산시 직장 테니스대회
1975. 10. 25.~26. 부산대A조 우승
부산대학교 테니스코트

제1회 봉황기쟁탈 부산지구클럽대항 테니스대회
1975. 11. 15.~16. 삼화레오파드
한국일보 부산지사

부산대학교 교직원 테니스대회
1976. 5. 29. 미기상

제3회 청룡기쟁탈 부산지역클럽대항테니스대회
1976. 7. 17.~18. 삼화레오파드코트
조선일보 부산지사

제5회 국무총리배 전국교수테니스대회
1976. 8. 18.~20. 문교부
페릭스 인터네셔널 테니스 클럽

봉황기쟁탈 제2회클럽 제1회 직장테니스대회
1976. 10. 23.~24. 삼화레오파트코트
한국일보 부산지사

제6회 국무총리 배 전국 교수 테니스대회
1977. 8. 18.~20. 문교부
페릭스 국제 테니스클럽

제15회 회원단합 체육대회
1977. 10. 22. 부산시교육회
부산교육대학 테니스코트

제3회 부산은행장배 쟁탈 부산지역 직장 테니스대회
1977. 10. 15.~16. 삼화레오파드코트
부산은행, 단체전A조 준우승

제7회 국무총리 배 전국 교수 테니스대회
1978. 8. 3.~5. 부산대학교 테니스코트
전국대학 연합회, 단체A조, 장병기

제4회 부산은행장배 쟁탈 부산지역 직장 테니스대회
1978. 11. 18.~19. 삼화레오파드코트
부산은행, 단체A조 출전

제1회 부산시 테니스협회장기쟁탈 직장 테니스대회
1979. 3. 10.~11. 삼화레오파드코트

제8회 국무총리배 전국교수테니스대회
1979. 8. 16.~18. 경북대학교 테니스코트
부산대학교 A조

교수 김규호 정년퇴임 기념테니스대회
1979. 8. 25. 준우승
부산대학교 교수테니스회장
증 동광스포츠 백화점

제6회 부산은행장배 쟁탈 부산지역직장테니스회

1980. 10. 25. 우승

주식회사 부산은행장 박태주

제1회 총장배쟁탈 효원인테니스대회

1980. 12. 18. 교수부A조 복식준우성

부산대학교 학도호국단 체육부

정기총회 기념테니스대회

1981. 4. 18. A조 준우승

부산대학교 교수테니스회 회장 이종근

제10회 국무총리배 전국교수 테니스대회

1981. 8. 6.~8. 부산대학교A조 장려상

서울대학교 테니스코트

81.종결대회

1981. 12. 5. 우승

부산대학교 교직원테니스대회 회장 이종근

협회장기 쟁탈 부산시 제4회 직장테니스대회

1982. 3. 27.~28. 삼화레오파드코드

제12회 부산시테니스협회장기쟁탈 클럽대항테니스대회

1982. 4. 10.~11. 삼회레오파드코트

부산대학 은배조 출전

제11회 국무총리배 전국대학 교수테니스대회
1982. 8. 3.~5. 강원대학교 테니스코트
부산대학교 A조

제4회 부산시테니스협회장기쟁탈 직장테니스대회
1982. 3. 27.~28. 삼화레오파드코트
부산직할시 테니스협회

제12회 테니스협회장기 쟁탈 클럽대항테니스대회
1982. 4. 10.~11. 삼화레오파드코트
부산직할시 테니스협회

제8회 부산은행장배쟁탈 부산지역직장테니스회
1982. 10. 23.~24. 종합운동장 시립테니스장
부산대학교A조

회원단합 친목체육대회
1982. 10. 30. 대학부 우승
부산직할시 교육회장 정수복

제5회 테니스협회장기쟁탈 직장테니스대회
1983. 3. 19.~20. 부산시립테니스장
부산대 가팀

제1회 대통령 배쟁탈 재부 행정기관대항 공무원체육대회
1983. 5. 6. 테니스 1위
부산직할시장 최종호

제12회 국무총리배 전국대학교수 테니스대회
1983. 8. 3.~5. 전북대학교 테니스코트
부산대 A조 장려상

제9회 Fermi cup 테니스 및 바둑대회
1985. 10. 17. 테니스 우승
부산대학교 물리학과

제25회 전국교수테니스대회
1996. 6. 25.~28. 경북대학교 테니스장
부산대학교 A조 단체 우승

제2회 Fermi cup 테니스대회
1999. 5. 1. 부산대학교 물리학군, 준우승

제28회 전국교수 테니스대회
1999. 8. 18.~21. 영남대학교테니스장
부산대학교 A조 장려상

제3회 물리학군 테니스대회
2000. 4. 8. Fermi cup 우승

29회 전국교수테니스대회
2000. 6. 14.~17. 전남대학교
단체전 B조 출전

제5회 Fermi cup 테니스대회
2002. 5. 25. 부산대학교 물리학군, 우승

36회 전국교수테니스대회

2007. 6. 13.~15. 조선대학교

노년부; 서국웅, 진광수

38 회 전국교수테니스대회

2009. 5. 29.~31. 부산대학교

노년부B조 개인전; 진광수, 이종건

39회 전국교수테니스대회

2010. 5. 27.~29. 단국대학교

노년부A조; 서국웅, 진광수

40회 전국교수테니스대회

2011. 5. 26.~28. 강릉원주대학교

노년부A조; 서국웅, 진광수

44회 전국 교수테니스대회

2015. 5. 28.~30. 전남대학교

노년부B조; 서국웅, 진광수 3등상

2015

전국교수테니스대회 제44회

대회일정 : 2015년 5월 28일(목) ~ 5월 30일(토)
경기장소 : 전남대학교 외 광주광역시 일원
주 최 : 한국대학교수테니스연맹
주 관 : 전남대학교

역대대회 입상자(연도별)

개최연도	구분	우승	준우승	3위-1	3위-2
44회(15년도) 전남대	**단체전A**	충남대 1팀	고려대A	서울대 1팀	인하대
	단체전B	순천향대 1팀	가톨릭대B1	전북대 1팀	성균관대
	청년부A	김경훈, 윤인진	이창현, 최대혁	최성훈, 유형석	권민혁, 전용균
	청년부B	김진국, 손재영	정명훈, 박기종	이지영, 염승호	박정진, 황병연
	일반부A	서성혁, 조성식	이기청, 이성영	구영석, 조송현	신혁석, 박인우
	일반부B	임헌찬, 정수호	안행근, 배정생	장교식, 김진수	홍덕헌, 문정환
	장년부A	이황희, 최남기	최유현, 이지홍	박건영, 윤석원	황영성, 이종봉
	장년부B	이재영, 곽창수	구종남, 최남규	김세원, 유종선	김홍남, 이재영
	노년부A	김순귀, 구학서	양기석, 박준동	곽근재, 김영기	서상준, 김현태
	노년부B	유광욱, 최준환	조도순, 최동신	김현수, 이원영	서국웅, 진광수
	여성부	박소령, 이영애	김현주, 마은경	정완청, 정인희	홍영희, 이춘해

술판에 귀가 있다면

초판 1쇄 발행 2020년 7월 31일

저자 진광수

펴낸이 차정인
펴낸곳 부산대학교출판문화원
출판등록 제1983-000001호 1983. 11. 10.
주소 부산광역시 금정구 부산대학로63번길 2
전화 (051) 510-1932, 1933, 1935, 1967
전송 (051) 512-7812
메일 pnupress@pusan.ac.kr
홈페이지 https://press.pusan.ac.kr/

* 잘못된 책은 구입처에서 교환해 드립니다.

값 12,000원

ISBN 978-89-7316-670-1 03800

이 도서의 국립중앙도서관 출판예정도서목록(CIP)은
서지정보유통지원시스템 홈페이지(http://seoji.nl.go.kr)와
국가자료공동목록시스템(http://www.nl.go.kr/kolisnet)에서 이용하실 수 있습니다.
(CIP제어번호: CIP2020031529)